ulmer

Renate Hudak | Harald Harazim

RATZFATZ GEMÜSE, OBST & KRÄUTER ERNTEN

Über 45 Arten – schnell und unkompliziert

Inhalt

Gut gepflegt wächst besser 113

Pflanzen vermehren – wie geht das? 125

Service 133

Kräuter, Obst, Gemüse – so gedeiht alles

Ein Nutzgarten, in dem die Kulturen einfach zu pflegen sind, schnell gedeihen und leckere Erträge liefern – geht das? Mit den richtigen Überlegungen vorab und praktischen Anbautipps ist das kein Hexenwerk.

Der richtige Platz fürs Gemüse

Bevor Sie im Garten oder auch in Pflanzgefäßen richtig loslegen, sollten Sie vorab einige Dinge bedenken. Eignet sich der Boden für die Anlage von Gemüsebeeten? Wie viel Platz bieten Garten oder Balkon?

Möchten Sie Nutzpflanzen im Garten kultivieren, muss als erstes ein geeigneter Platz gefunden werden. Für den Anbau von Kräutern, Gemüse oder Obst empfiehlt sich ein möglichst sonniger und geschützter Standort. Besteht in der Hauptwindrichtung oder zur Straßenseite hin bereits eine nicht zu hohe Hecke, so kann sie Gemüsebeete wirkungsvoll vor kalten Winden und Schadstoffen schützen. Andererseits sollten die Beete nicht von großen (oder größer werdenden!) Bäumen und Sträuchern umgeben sein, die sie stark beschatten. Wer entweder nur noch ein schattiges Plätzchen für seine Nutzpflanzen erübrigen kann oder gar keines, der kann bei entsprechender Pflanzenauswahl immer noch einiges anbauen: Mangold, Spinat, Kohlrabi, Radieschen, Salat, Feldsalat, Erbsen, Bohnen, Petersilie, Schnittlauch, Pfefferminze und Bärlauch gedeihen auch im (Halb-)Schatten; ebenso können Johannisbeeren, Himbeeren, Haselnuss gepflanzt werden.

Gärtnern auf „Balkonien“

Das gilt ebenso für den Anbau von Kräutern, Obst oder Gemüse in Pflanzgefäßen: Zu bevorzugen sind geschützte, sonnige Standorte, wobei die Sonneneinstrahlung an einem heißen Südbalkon für viele Pflanzen auch zu viel ist bzw. sich an dermaßen warmen und geschützten Stellen auch gerne „Lästlinge“ einnisten. Schattieren oder ein kurzfristiges Umstellen ist dann angesagt. Haben Sie nur einen nach Norden ausgerichteten Balkon zur Verfügung, muss die Pflanzenauswahl ähnlich wie für ein Schattenbeet getroffen werden. Als „Kübelgärtner“ haben Sie den Vorteil, die Pflanzgefäße, falls sie nicht zu groß sind, umstellen zu können. So können wenig abgehärtete Jungpflanzen noch geschützter stehen, während sie im robusten „Erwachsenenalter“ dann auch einen windexponierteren Standort vertragen. Darüber hinaus ist es immer wieder erstaunlich, wie viel Kräuter, Obst oder Gemüse bei einer guten Nutzung des vorhandenen Platzes auf einem Balkon, einer Terrasse oder sogar lediglich in einem Hinterhof angebaut und geerntet werden können.

Kartoffeln gedeihen in textilen Pflanztaschen hervorragend – selbst auf dem Balkon oder in einem Hinterhof.

Welcher Boden – welche Pflanzen?

Im Garten sollte die Art des Bodens (siehe Seite 114/115) zu den gewünschten Nutzpflanzen passen. Ist das nicht der Fall, kann durch die Einarbeitung verschiedener Bodenverbesserungsstoffe (Kompost, Sand, Lehm) eine gute Grundlage für ein Gemüsebeet geschaffen werden, wobei Sie meist ein paar Jahre Geduld haben müssen, bis sich ein eher ungeeigneter Boden nachhaltig verbessert. Solange kultivieren Sie auf dem Beet am besten kurzlebige und schwachzehrende Gemüse und Salate (siehe Seite 118/119); mit anspruchsvolleren Arten weichen Sie vorerst auf Topf oder Kübel aus. Kräuter erleichtern es Ihnen in diesem Fall, denn beispielsweise auf einem sehr leichten, sandigen Boden, auf dem viele Gemüsearten nicht gedeihen, wachsen typische Sonnenkräuter wie Thymian oder Rosmarin optimal und verschiedene Wildkräuter fühlen sich sogar unter Gehölzen, am Rand von Hecken und Wegen wohl.

Wer die Wahl hat ...

Das Kräuter- und Gemüsesortiment ist vielfältig und wenn Sie zuerst mit wenigen Beeten oder Töpfen beginnen, haben Sie die Qual der Wahl. Welches ist Ihr Lieblingsgemüse? Wie viel Zeit haben Sie übrig?

Das will vorab bedacht sein, damit die Gartenarbeit immer noch Spaß macht und dennoch zufriedenstellende Ernteerfolge erzielt. Wenn Sie nur wenig Anbaufläche zur Verfügung oder nicht genug Zeit für ausgiebigere Gartenpflege haben, dann setzen Sie ein paar Beerensträucher und pflanzen Gemüsearten, die besonders frisch verzehrt werden sollten und nicht lange haltbar sind. Salate, Radieschen und verschiedene Kräuter kommen hier infrage. Insbesondere Salate und Würzkräuter büßen häufig bei langen Transportzeiten und längerem Liegen im Geschäft viel von ihrem Aroma und auch einen Teil der Vitamine ein. Bei diesen Kulturen sind Sie mit einem eigenen Anbau immer im Vorteil. Oder steht Ihnen oder Ihren Kindern eher der Sinn nach knackigem Naschgemüse und leckeren Beeren? Dann sind Busch- und Cocktailtomaten, Andenbeeren, Fingermöhren, Erdbeeren und Himbeeren eine gute Auswahl, die alle auch in Pflanzgefäßen gedeihen.

Welches Gemüse darf es sein?

Für Garteneinsteiger und Ungeduldige empfehlen sich Kulturen, die schnell erste Erfolge erzielen: Mit Sommersalaten, Mairübchen, Spinat oder unproblematischen Schnellwachsern wie Radieschen sind Sie auf der sicheren Seite. Sie haben eine kurze Kulturzeit und sind relativ anspruchslos. Haben Sie schon etwas mehr gärtnerische Erfahrung und genügend Ausdauer für Kulturen mit längeren Kulturzeiten sowie etwas höherem Pflegeaufwand – oder einfach Spaß am Ausprobieren – dann versuchen Sie es mit dem Anbau von Wurzel-, Knollen-, Zwiebel- und Lagergemüse. Die längere Kulturdauer wird mit Erntegut belohnt, von dem Sie auch noch über einen längeren Zeitraum etwas haben. Wer gerne gut ausgereiftes mediterranes Gemüse und Fruchtgemüse genießt, braucht auf jeden Fall einen besonders warmen und sonnigen Platz. Sind die Bedingungen nicht optimal, können Sie mit einem Standort unter Folie, Vlies oder im Kleingewächshaus nachhelfen. Haben Sie im Winter Appetit auf frische Gartenerzeugnisse, bauen Sie Herbst- und Wintersalate an. Diese überwintern mit wenig Aufwand im Freien und können dann schon sehr früh im Jahr bereits wieder geerntet werden. Beim Obst gilt: Sträucher machen weniger Arbeit, brauchen weniger Platz und liefern schon im ersten oder zweiten Standjahr Früchte. Ein Baum hingegen ist pflegeaufwendiger, dafür meist langlebiger und fungiert außerdem als prägende Gartengestalt und vielfältiger Lebensraum.

Bequem beim Bearbeiten und Ernten sowie ausgesprochen ertragreich (2- bis 3-facher Ertrag eines Bodenbeetes) ist ein Hochbeet.

Gute Planung ist von Vorteil

Sollen es mehr als nur ein Kräuter-/Gemüsebeet oder einige Pflanzgefäße werden, nehmen Sie sich vorab etwas Zeit für eine durchdachte Planung, bevor der neue „Küchengarten" entsteht. Die Wintermonate bieten dafür erfahrungsgemäß ausreichend Zeit, um Sorten und Arten auszuwählen und die Anbaureihenfolge zu planen. Behalten Sie immer den voraussichtlichen Zeit- und Arbeitsaufwand im Auge und beginnen lieber mit wenigen Beeten. Dort werden zuerst einmal die „Lieblingsgemüse und -kräuter" angebaut.

Zeit für den Garten

Werden im Frühjahr eifrig junge Gemüsepflanzen gesetzt oder ausgesät, bedenkt man oft im gärtnerischen Überschwang nicht den noch zu erwartenden Zeitaufwand, den die ein oder andere Kultur mit sich bringt.

Überlegen Sie am besten vorab, wann der nächste längere Urlaub geplant ist und ob ein freundlicher Nachbar während dieser Zeit das Gießen übernehmen kann. Das hält sich im Frühjahr noch in Grenzen, ist im Hochsommer hingegen um einiges aufwendiger. Wer zur Sommerszeit länger verreist, verpasst in diesem Fall nicht selten auch die langersehnte Ernte. Über Kulturen mit einer kurzen Kulturdauer müssen Sie sich hingegen in dieser Hinsicht nur wenig Kopfzerbrechen machen: Mairübchen, Pflücksalat, Stielmus, Radieschen und Spinat können schon nach 6–8 Wochen geerntet werden und zählen damit zu den „Schnellstartern". 8–12 Wochen brauchen Kohlrabi, Möhren, Feldsalat, Feuerbohnen, Mangold und Zuckerschoten, bis sie erntereif sind. Andenbeeren, Tomaten, Tomatillos, Kartoffeln, Zwiebeln hingegen stehen mehr oder weniger die ganze Gartensaison über auf den Beeten bzw. in Kübeln und wollen versorgt werden.

So sparen Sie Zeit beim Gießen!

Wer keinen nachbarschaftlichen „Gießdienst“ in Anspruch nehmen kann, muss sich während der Urlaubszeit nicht mit dem Vertrocknen des langgehegten Gemüses abfinden. Der Fachhandel bietet praktische automatische Bewässerungssysteme für den Haus- oder Topfgarten an, die an den Wasserhahn oder eine Zisterne mit Pumpe angeschlossen werden. Mit einer Zeitschaltuhr versehen, übernimmt das System die Bewässerung während Ihrer Abwesenheit und selbst wenn man zu Hause ist, bringt die Bewässerungsautomatik mehrere Vorteile mit sich: Sie versorgt die Pflanzen bedarfsgerecht, hält (je nach System) die Verdunstungsverluste niedrig und hilft, Wasser zu sparen. Haben Sie ein Bewässerungssystem für die Urlaubszeit angeschafft, auf jeden Fall vorab in mehreren „Probedurchläufen“ testen! Wer für die tägliche Gartenarbeit nicht allzu viel Zeit erübrigen kann oder möchte, sollte eines unbedingt beherzigen: Mulchen! Eine Mulchschicht (siehe auch Seite 116/117) schützt nicht nur den unbewachsenen Boden vor Verschlämmung, Austrocknung sowie Abtrag durch Wind und reichert ihn mit organischem Material an – sie erspart uns auch unglaublich viel Zeit beim Gärtnern!

Ernten mit Köpfchen

Gärtnerische Arbeitszeit lässt sich ebenfalls einsparen, wenn Sie einmal gezogene Pflanzen bei der Ernte nicht gleich ganz abschneiden oder ausreißen, sondern das „Pflanzenherz“ stehen lassen. So können (Pflück-)Salat, Spinat, Mangold, Stielmus weiterwachsen und mehrmals geerntet werden. Das gilt auch für die Röhrenblätter von Frühlingszwiebeln und jungem Knoblauch. Ein- und zweijährige Kräuter wie Kresse oder Petersilie treiben, wenn Sie bei der Ernte nur etwa das obere Drittel abschneiden, wieder erneut von unten aus. Am wenigsten Arbeit machen auf Dauer gesehen mehrjährige Pflanzen wie Obstgehölze, ausdauernde Wild- und Gartenkräuter, Topinambur und Knollenziest.

Knollen- und Wurzelgemüse, wie beispielsweise Kartoffeln, liefern mit relativ geringem Pflegeaufwand reiche Ernte!

Unsere Favoriten für den Nutzgarten

Aus dem umfangreichen Kräuter-, Obst-, Gemüsesortiment haben wir für Sie ausgewählt, womit Sie unter der Vorgabe „schnell & einfach“ die besten Erfolgschancen haben – und was Ihnen hoffentlich auch schmeckt!

Kräuter: aromatische Multitalente

Kräuter gedeihen bei jedem, ob Einsteiger oder langjähriger Gartenfreund, ob mit oder ohne Garten, ob wild oder kultiviert. Sie wachsen schnell und unkompliziert; im Beet, im Topf und sogar auf der Wiese und viele von ihnen sind ausdauernd und mehrjährig.

Kräuter finden in jedem Garten einen Ort, ob auf den Gemüsebeeten, in eine Staudenpflanzung integriert oder in einem dekorativen Topf – mit wenig Platz, Arbeit und Zeitaufwand liefern sie einen Vorrat an gesunder Würze. Es ist immer von Vorteil, Sie haben sie möglichst frisch zur Hand und das am besten in einer reichhaltigen Auswahl, dann entfalten sich ihre spezifischen Aromen am intensivsten. Die meisten Kräuter fühlen sich an einem möglichst sonnigen Gartenplatz wohl, obwohl es durchaus auch Arten für Halbschatten/Schatten gibt. Für die „Sonnenkinder" unter ihnen gilt allerdings, je mehr Sonne und Wärme sie abbekommen, umso höher ist ihr Gehalt an Duft- und Aromastoffen, d. h. umso geschmackvoller werden Kräutergerichte und -tees. Viele Kräuter bevorzugen außerdem eher magere, leichte Böden, weshalb sie auf eigenen kleinen Beeten oder in Pflanzgefäßen oft besser zurechtkommen als auf nährstoffhaltigeren Gemüsebeeten.

Kräuter für jeden Geschmack

Unsere Kräuterauswahl können Sie jederzeit um weitere Lieblingskräuter ergänzen. Wir haben für Sie ausgesucht, was ausgesprochen problemlos gedeiht und was – zumindest in unserem bevorzugten Sortiment – unverzichtbar ist. Darunter sind einige Gartenkräuter, viele davon mehrjährig, was dem Aspekt des geringen Arbeitsaufwands besonders entgegenkommt. Außerdem finden Sie in unserer Zusammenstellung auch besonders nützliche, leckere und leicht zu erkennende Wildkräuter, die wir beim täglichen Würzen und Genießen nicht missen möchten.

Kräuter-Topf-Garten

Kräuter lassen sich aufgrund ihres geringen Platzbedarfs auch im kleinsten Garten kultivieren und eignen sich ideal als Topf- und Kübelpflanzen für Terrasse und Balkon. Wählen Sie für mehrjährige Arten die Töpfe nicht zu klein und sorgen Sie für eine gute Drainage.

Bärlauch Hundsknoblauch, Waldknoblauch, Wilder Knoblauch *Allium ursinum*

Viele ganzrandige, spitz zulaufende Blätter bilden ein frischgrünes Büschel, das zur Blütezeit im Mai mit attraktiven weißen Blütensternen auftrumpft und intensiv nach Knoblauch duftet – das ist der Bärlauch! Wir mögen den Duft und Geschmack des Wildkrauts, aber vor allem seine äußerst unkomplizierte Kultur, denn wenn der Gartenplatz einigermaßen passt, gilt für den Bärlauch: wächst von selbst!

Was braucht Bärlauch, damit er gedeiht?

Die würzige Zwiebelpflanze wächst gerne im Halbschatten auf tiefgründigem, humosem, kalkhaltigem, etwas feuchtem Boden. Als ausdauerndes Gewächs benötigt sie einen Gartenplatz, an dem sie jahrelang ungestört wachsen kann. Unter einem größeren Laubgehölz oder einer Laubgehölz-Hecke ist es ideal; dort entwickeln sich schon bald dichte Bestände. Einige Wochen nachdem der Bärlauch geblüht hat, vergilben die Blätter und die ganze Pflanze zieht ein, d. h. verschwindet und erscheint erst im nächsten Frühjahr wieder.

Tipps & Tricks rund um den Bärlauch

Der leckere Bärlauch hat leider ein paar giftige Doppelgänger, mit denen er verwechselt werden kann: Das Maiglöckchen, den Aronstab und die Herbstzeitlose. Daher Vorsicht beim Sammeln in wild wachsenden Beständen! Am besten siedeln Sie Bärlauch im eigenen Garten an, fern von Maiglöckchen & Co., dann können Sie ihn unbedenklich genießen!

Anbau

IM BEET Am besten wird Bärlauch als zugekaufte Jungpflanze im März/April gepflanzt. Dazu ganze Pflanze samt Zwiebelknollen aus dem Topf nehmen, ein Pflanzloch von etwa 7–10 cm Tiefe vorbereiten und hineinsetzen, Erde rundherum festdrücken. Abstand zur nächsten Pflanze ca.10 cm; angießen. Bärlauch ist ein Kaltkeimer; soll er ausgesät werden, Samen im Herbst ausbringen (3–5 cm tief, Pflanzabstand 10 cm), damit sie genügend Bodenfrost bekommen (oder vor der Aussaat ins Gefrierfach geben; dann Aussaat auch im Frühjahr möglich). Wer Bärlauch aus Tochterzwiebeln vermehren möchte, gräbt die Zwiebeln einige älterer Pflanzen im September aus, teilt sie und setzt die einzelnen Zwiebelchen mit der Spitze nach oben ca. 7–10 cm tief wieder ein.

IN PFLANZGEFÄSSEN Wer keinen eigenen Garten zur Verfügung hat, kann Bärlauch problemlos im Topf oder Blumenkasten auch auf dem Balkon ziehen. Auch hierbei auf einen halbschattigen Standort achten; z. B. durch Aufstellen des Pflanzgefäßes neben einer wüchsigeren Pflanze, die Schatten spendet. Vergessen Sie nicht, den Bärlauch im Topf oder Ähnlichem auch nachdem er eingezogen hat (d. h. von der Pflanze im Topf nichts mehr zu sehen ist) gleichmäßig feucht zu halten. Als Substrat eignet sich eine Mischung aus humoser Gartenerde und Kompost (1:1) oder Kräutererde aus dem Fachhandel.

Es darf geerntet werden!

Im April/Mai, je nach Witterung manchmal auch schon eher, frische junge Blätter, die vor der Blüte am aromatischsten sind, für Suppe, Pesto, Würzöl etc. ernten. Auch Blüten, Knospen und Zwiebeln sind essbar. Immer einige Blätter pro Pflanze stehen lassen. Stehen die Pflanzen voll in Blüte, verlieren die Blätter an Aroma.

Verwandte Arten

Bärlauch gehört zur selben Pflanzenfamilie wie Knoblauch, Zwiebeln und Lauch. Ähnlich wie seine Verwandten enthält er gesundheitsfördernde Stoffe, wie z. B. Vitamine, ätherische Öle, schwefelhaltige Verbindungen.

Blätter, Blüten, Knospen – alle Teile des Bärlauchs sind essbar.

Brennnessel Donnernessel, Saunessel, Scharfnessel *Urtica dioica*

Obwohl von vielen als Unkraut im Kräuter- und Gemüsegarten verkannt, hat die Brennnessel doch eine lange Tradition als Heil- und Gemüsepflanze und erlebt mittlerweile wieder eine Renaissance. Auch wir schätzen das „unantastbare" Gewächs, welches sich in einer ansonsten ungenutzten Gartenecke ausbreiten darf, als gesundes Frühlingsgemüse, Gartenhelfer und Futterstation für zahlreiche Schmetterlingsraupen.

Was brauchen Brennnesseln, damit sie gedeihen?

Brennnesseln lieben ausreichend feuchte, nährstoffreiche Böden – sie gelten sogar als pflanzliche Anzeiger für eine hohen Nährstoff- bzw. Stickstoffgehalt des Bodens. Passen die Bodenbedingungen, wachsen Brennnesseln sowohl in der Sonne als auch im Schatten/ Halbschatten. Pflanzplatz sorgfältig auswählen, da sich die Brennnessel über Wurzelausläufer schnell verbreiten kann – auch dorthin, wo sie unerwünscht ist!

Anbau

IM BEET Am einfachsten ist es, von einer wild wachsenden Pflanze mit einem Spaten ein Stück abzustechen und an einem geeigneten Gartenplatz einzusetzen. Das ist während der ganzen Vegetationszeit möglich; am besten die oberirdischen Pflanzenteile bodeneben zurückschneiden, bevor Sie das abgetrennte Wurzelstück frisch einsetzen und angießen. Brennnesseln können Anfang März bis Mitte Mai auch ausgesät werden, wobei Sie dafür etwas Geduld benötigen, da Brennnesselsamen oft nur unregelmäßig keimen.

Tipps & Tricks rund um die Brennnessel

Wenn Sie mit grob zerkleinerten Brennnesseltrieben (ohne Blüten- bzw. Samenansätze) dünn zwischen Gemüsepflanzen mulchen, machen Sie sich den Dünge-Effekt der Nesseln auf einfache und unkomplizierte Weise zunutze.

Die Brennnessel lässt sich trotz ihrer Brennhaare vielfältig verarbeiten!

Verwandte/ähnliche Arten

Neben der Großen Brennnessel findet man wild wachsend auch die Kleine Brennnessel (*Urtica urens*), deren Blätter/Triebe ebenfalls verwendet werden können. Ähnliche Blattformen wie die Brennnessel haben Taubnesseln (*Lamium*) und die Nesselblättrige Glockenblume (*Campanula urticifolia*), beide besitzen aber keine Brennhaare, größere und auffälligere Blüten und sind im Fall einer Verwechslung ungiftig.

Als Lichtkeimer werden die Samen höchstens 0,5 cm mit Erde bedeckt. Gleichmäßig feucht halten. Sie benötigen zur Keimung eine Temperatur von mindestens 10 °C; nach ca.10–14 Tagen erscheinen die ersten Keimlinge.

IN PFLANZGEFÄSSEN Brennnesseln können natürlich auch in Pflanzgefäßen gezogen werden; für den, der eine möglicherweise unkontrollierte Ausbreitung im Garten befürchtet bzw. verhindern möchte, ist diese Methode ideal! Dazu ein ausgegrabenes Teilstück oder vorgezogen Jungpflanzen in einen Topf (ca. 10 l) mit einem nährstoffreichen Gartenerde-Kompost-Gemisch (alternativ Gemüseerde aus dem Fachhandel mit einer Handvoll Hornspäne) setzen.

Es darf geerntet werden!

Ab April können junge Blätter und Triebspitzen für Pesto, Suppe, Smoothie, Tee und später auch die reifen Samen als Müslizutat geerntet werden. Fein Schneiden, Dünsten, Blanchieren, kräftiges Waschen, Trocknen oder Walken mit einem Nudelholz zerstört die Brennwirkung der feinen Härchen auf Blättern und Trieben. Brennnesseln sind reich an Vitamin C, Mineralien wie Eisen, Kalium und Magnesium sowie sekundären Pflanzenstoffen. Aus Brennnesseltrieben lässt sich übrigens auch eine Pflanzenjauche zur Bekämpfung von „Lästlingen“ und zur Pflanzenstärkung oder zur Düngung der Gemüsepflanzen herstellen. Zum Pflanzenschutz wird die Jauche unverdünnt, als Dünger verdünnt (1:10) verwendet. Herstellung: 1 kg frisches Pflanzenmaterial in 10 l Wasser 1–2 Wochen einweichen und gären lassen.

Gänseblümchen Himmelsblume, Maßliebchen, Tausendschön *Bellis perennis*

Ein Garten ohne Gänseblümchen? Für uns unvorstellbar, denn das unscheinbare Blümchen im Rasen oder an Weg- und Beeträndern blüht ausdauernd nahezu das ganze Jahr – oft erscheinen seine Blüten nach dem Ende des Winters sogar noch vor den ersten Schneeglöckchen. Doch nicht genug damit – Blüten und Blätter sind essbar, ganz ohne gärtnerischen Aufwand: als Salatzutat, Suppeneinlage, Kapernersatz …

Tipps & Tricks rund um das Gänseblümchen

Menschen mit erwiesener Korbblütlerallergie sollten auf den Verzehr von Gänseblümchen und deren Zubereitungen verzichten. Hinweis: Graben Sie bitte keine Pflanzen in Naturschutzgebieten aus!

Klein aber oho – Gänseblümchen haben es in sich!

Was brauchen Gänseblümchen, damit sie gedeihen?

Gänseblümchen stellen nur äußerst geringe Ansprüche an Standort und Boden, weshalb das Wildkraut häufig an den verschiedensten Plätzen anzutreffen ist. Typische Lebensräume sind z. B. Rasenflächen, Bahndämme, Wegränder, Kiesflächen sowie Wildwiesen, Parkanlagen, viel begangene und häufig gemähte Flächen („Trittrasen"). Für ein optimales Wachstum bevorzugt das Gänseblümchen jedoch einen vollsonnigen Standort mit mäßig feuchtem, nährstoffreichem und humosem Boden. Plätze im Schatten sowie sehr trockene und ausgesprochen sandige Böden hingegen sind keine günstigen Gänseblümchen-Standorte.

Anbau

IM BEET Um die kleinen Samen der Gänseblümchen besser verteilen zu können, vermengen Sie diese mit etwas Sand. Diese Mischung von April bis August breitwürfig auf das Beet streuen, mit einem Brett leicht andrücken, nicht mit Erde bedecken (Lichtkeimer!), gleichmäßig feucht halten. Keimung optimal bei etwa 18 °C nach 2–3 Wochen, nach 2 weiteren Wochen Pflanzen auf ca. 3 cm Abstand vereinzeln. Blüte erst im Jahr darauf. Oder kräftige Einzelpflanzen (z. B. in der Wiese) ausgraben, teilen und ins Beet setzen, angießen.

IN PFLANZGEFÄSSEN Gänseblümchen lassen sich ganz leicht auch im Topf oder Blumenkasten kultivieren. Dazu im März/April mit Sand vermischte Samen in Saatschalen mit Anzuchterde säen, feucht halten, ca. 2 Wochen nach der Keimung Pflanzen in Balkonkästen mit Kräutererde setzen. Oder Jungpflanzen ab April/Mai in Pflanzgefäße setzen. Achten Sie dabei darauf, dass Sie auch die Wildform erhalten, denn häufig werden im Handel Zuchtformen mit gefüllten oder andersfarbigen Blüten angeboten, die zwar grundsätzlich essbar, aber leider häufig mit Pflanzenschutzmitteln behandelt sind.

IM RASEN Gänseblümchen kann man auch in einer eigenen oder frei zugänglichen Rasen- oder Wiesenfläche in der Nähe von Haus oder Wohnung sammeln, sofern die Pflanzen frei von Verschmutzung und Verunreinigungen sind. Haben Sie eine solche Fläche auf dem eigenen Grundstück, können Sie Gänseblümchen dort zudem gezielt ansiedeln. Dazu im März/April die kleinen Samen mit etwas Sand vermischen, das Ganze breitwürfig auf der Wiesenfläche ausstreuen und angießen. Oder Gänseblümchensamen vor einer Rasenneuansaat der Wiesengrasmischung beimengen. Die ersten Blüten erscheinen im darauffolgenden Frühjahr.

Verwandte Arten

Häufig als Balkonblume im Handel angeboten wird das Blaue Gänseblümchen (*Brachyscome iberidifolia*), welches aus Australien stammt und nicht zum Verzehr geeignet ist.

Es darf geerntet werden!

Schon ab dem zeitigen Frühjahr (März) können Gänseblümchen geerntet werden. Zum Verzehr geeignet sind die Blätter, die geöffneten Blüten (schließen sich bei Regen) sowie die Knospen. Verwendet werden sie für Salat, Suppe, Pesto, als Kapernersatz (Knospen).

Gundermann Erd-Efeu, Gundelrebe *Glechoma hederacea*

Der Gundermann ist eine kleine, mit Ausläufern am Boden kriechende Pflanze, die meist erst aufgrund ihrer hellblau-violetten Blüten entdeckt wird. Man findet sie fast in jedem Garten, Rasenstück oder an Beeträndern. Wir schätzen am Gundermann, dass man ihn nahezu das ganze Jahr über ernten kann und lieben seine herb-bittere, aromatische Würze in verschiedenen Speisen oder in der Erkältungsteemischung.

Was braucht Gundermann, damit er gedeiht?

Gundermann wächst auf feuchten, schweren, fruchtbaren, kalkhaltigen Böden; häufig an schattigen bis halbschattigen Plätzen, wie z. B. an Wald- und Heckensäumen, Wegrändern, auf Brachflächen, in Wirtschaftswiesen, auf häufig gemähten Garten- und Rasenflächen. Gerne auch an Standorten, die für andere Pflanzen zu schattig sind und wo der Gundermann daher wenig oder keine Konkurrenz zu befürchten hat.

Tipps & Tricks rund um den Gundermann

Bitte beachten Sie, dass die frische Gundermannpflanze und deren Bestandteile für viele Säugetiere (vor allem viele Nagetierarten) giftig ist, insbesondere auch für Nutztiere, vor allem für Pferde.

Anbau

IM BEET Aussaat von Gundermann Mitte August/September 2–3 cm tief direkt ins Freie; die Samen keimen im folgenden Frühjahr (Frostkeimer!). Noch einfacher ist eine Vermehrung durch Ableger. Dazu einen wild gewachsenen Gundermanntrieb (einzelne Triebe können bis zu 1 m lang werden) auf ca. 10 cm einkürzen, in möglichst nährstoffreiche Erde setzen und etwas festdrücken. Das Wildkraut wurzelt sehr schnell an und bildet bereits nach kurzer Zeit viele Ausläufer, die zu dichten, flachen Teppichen wachsen. Um eine unkontrollierte Ausbreitung zu vermeiden hilft regelmäßiger Rückschnitt auf eine Höhe von 3–5 cm.

IN PFLANZGEFÄSSEN Gundermann lässt sich auch gut in Pflanzgefäßen ziehen; in Balkonkästen und Ampeln ist die rankende bzw. herabhängende Pflanze sogar besonders dekorativ. Dazu einige Triebe einer wild wachsenden Pflanze sammeln, auf ca. 10 cm einkürzen, beim Einpflanzen in Kräutererde (Fachhandel) jeweils mindestens einen Blattansatz mit Erde bedecken, angießen. Die Ranken der Gundelrebe können immer wieder abgeerntet werden und wachsen dann besonders üppig.

IM HINTERHOF Selbst in einem gepflasterten Hinterhof oder an einem ähnlichen Standort kann Gundermann wachsen, wenn man einen Pflasterstein entfernt und die etwa blumentopfgroße Lücke mit humoser Erde auffüllt. Ganze Pflanze oder einzelne, abgetrennt Triebstücke (etwa 10 cm lang) einsetzen und angießen.

Es darf geerntet werden!

Hauptsammelzeit ist von März bis Juli, doch im Grunde kann man fast das ganze Jahr über Gundermann frisch ernten; sogar unter dem Schnee treibt er frische Blättchen und ist im Frühjahr eines der ersten verfügbaren Wildkräuter. Laufend frische junge Triebspitzen, Blätter und Blüten für Salat, als Würze für Suppen, Fleischgerichte, Eintöpfe (sehr empfehlenswert zu Fischgerichten), Kräuterbutter ernten. Sehr intensives Aroma, daher sparsam verwenden! Blätter getrocknet für antibakteriellen, entzündungshemmenden, schleimlösenden Tee. Auch sehr lecker: Blättchen in Kuvertüre tauchen als „Wiesenkonfekt“.

Sortenempfehlungen

- 'Variegata': Zuchtform der Wildart mit weiß-bunten Blättern

ÄHNLICHE ART

- Kriechender Günsel (*Ajuga reptans*): Blätter rundlich eiförmig, Blütenstand mit deutlich zahlreicheren Einzelblüten. Nicht giftig!

Der wüchsige Gundermann lässt sich fast ganzjährig ernten.

Kapuzinerkresse

Tropaeolum majus

Die einjährige Rankpflanze imponiert uns immer wieder, da sie innerhalb nur einer Gartensaison eine Unmenge von Blättern, Blüten und Ranken produziert, ausdauernd bis zum ersten Frost blüht und die ganze Saison hindurch selbst von einer einzigen Pflanze reichlich geerntet werden kann. Abgesehen vom Platzbedarf ist die Kapuzinerkresse recht anspruchslos und auch für Garteneinsteiger bestens geeignet.

Fast zu schön zum Essen: die Blüten der Kapuzinerkresse.

Tipps & Tricks rund um die Kapuzinerkresse

Alle in der Küche verwendeten Teile der Kapuzinerkresse sind aufgrund ihrer Inhaltsstoffe auch heilkräftig und finden in der Pflanzenheilkunde Anwendung gegen Bakterien, Pilze, Viren; können z. B. bei Erkältungen und Infekten hilfreich sein.

Was braucht Kapuzinerkresse, damit sie gedeiht?

Die sonnenliebende Kapuzinerkresse wächst am besten an einem geschützten, sonnigen Platz mit mäßig humosem, lockerem, nicht zu nährstoffreichem Boden. Sie gedeiht ebenso gut im Halbschatten und auch auf einem nährstoffreicheren Boden, doch neigt sie dann dazu, mehr Blätter als Blüten zu bilden. Auf einem magereren Boden hingegen entwickelt die Kapuzinerkresse eine üppige Blütenpracht. Rankende Arten und Sorten klettern an einer Rankhilfe 2–3 m in die Höhe oder wachsen kriechend als Bodendecker – sie eignen sich daher auch hervorragend zur Begrünung von Pergolen und Gartenzäunen oder offenen Bodenflächen.

Anbau

IM BEET Von Februar bis April am Fensterbrett 2–3 cm tief in Töpfe mit Anzuchterde säen. Samen vorab einige Stunden in Wasser quellen lassen. Keimung bei Zimmertemperatur etwa nach 2–3 Wochen. Ab Mitte/Ende Mai ins Beet setzen, bei Frostgefahr mit Vlies schützen. Oder von Mitte Mai bis Ende Juli direkt ins Beet säen Einmal im Blumenbeet, sät sich die Kapuzinerkresse meist selbst aus und kommt so jedes Jahr wieder zum Vorschein. Oder gekaufte Jungpflanzen ab Ende Mai ins Beet setzen, Pflanzabstand ca. 30 cm, gleichmäßig feucht halten, Boden vorab mit Kompost versorgen (1 l/m²). Gedeiht auch gut auf Baumscheiben von Obstbäumen. Im Gemüsegarten wird Kapuzinerkresse ebenfalls gerne gepflanzt, um „Lästlinge“ von anderen Pflanzen „wegzulocken“, z. B. Kohlweißlingsraupen oder schwarze Läuse. Selbst einen starken Befall steckt die Kapuzinerkresse meist unbeschadet weg, sodass einzelne, kaum befallene Ranken weiter beerntet werden können.

IN PFLANZGEFÄSSEN Für Anbau im Topf entweder im Februar/März Jungpflanzen am Fensterbrett vorziehen; dazu Samen vorab in Wasser quellen lassen und 2–3 cm tief in Töpfe mit Anzuchterde säen. Die Pflanzen ab Mitte/Ende Mai in größere Pflanzgefäße setzen und nach draußen stellen. Oder ab Mai direkt draußen in Töpfe mit Balkonpflanzenerde und einem guten Wasserabzug säen; hell und sonnig aufstellen. Die Pflanzen bilden viele und große Blätter, müssen daher unbedingt ausreichend mit Wasser versorgt werden!

Es darf geerntet werden!

Von Juni bis Oktober laufend frische Blüten, junge Blätter, Knospen, grüne Samen ernten. Blüten und Blätter frisch für Salat, Kräuterquark, Kräuterbutter; nicht zu oft und nicht in großen Mengen verzehren! Knospen, grüne Samen als Würze oder in Essig eingelegt (Kapernersatz).

Sortenempfehlungen

- 'Purple Emperor': Blüten rot-violett
- 'Double Delight Cream': Blüten halbgefüllt, pastellgelb
- 'Tiptop Alaska': Blüten gelb bis rot, panaschiertes Laub, nicht rankend, niedrig

WEITERE ARTEN

- Kleine Kapuzinerkresse (*Tropaeolum minus*): niedrig, kompakt, gut für Topfkultur geeignet

Kresse

Gartenkresse *Lepidium sativum*

Die scharfwürzige Kresse kennen die meisten wahrscheinlich als „erdlose" Kultur auf unterschiedlichen Materialien wie Anzuchtvlies oder Küchenkrepp. Auch wir sind begeistert, das gesunde Kraut, das viel Vitamin C und B, Eisen, Kalzium und Folsäure enthält, schon zwei Wochen nach der Aussaat ernten zu können, vor allem im Winter, wenn weniger frisches Obst und Gemüse auf dem Speiseplan steht.

Was braucht Kresse, damit sie gedeiht?

Da Kresse nur eine kurze Kulturzeit hat, ist sie hinsichtlich des Bodens recht anspruchslos. Sie wächst „fast überall", gedeiht aber besonders gut auf einem humosen, lockeren, mäßig feuchten Boden an sonnigen bis halbschattigen Standorten. Die genügsame Kresse eignet sich auch gut als Zwischenkultur beim Anbau langsam wachsender Gemüsearten. Kein guter Nachbar für die Kresse ist Dill; die beiden Kräuter hemmen sich gegenseitig im Wachstum. Zwei bis drei Jahre Anbaupause einhalten, bis an derselben Stelle wieder Kresse ausgesät wird.

Tipps & Tricks rund um die Kresse

Kresseanzucht ohne Erde gelingt besonders gut, wenn die Samen vorab einige Stunden in kaltem Wasser eingeweicht werden. Danach die gequollenen Samenkörnchen auf Küchenkrepp auslegen, regelmäßig befeuchten (am besten mit einer Sprühflasche). Im Anschluss keimen die Samen schön gleichmäßig.

Anbau

IM BEET Von März bis September kann Kresse breitwürfig oder in Reihen (Abstand 10 cm) ins Beet gesät werden. Flach säen, nur wenig Erde oder besser Sand über die Aussaat sieben (Lichtkeimer!), angießen. Die Kresse keimt ab 5–6 °C Bodentemperatur innerhalb von 2 Tagen; am besten für das weitere Wachstum sind Temperaturen von 15–25 °C. Für die ersten Aussaaten im Frühjahr einen möglichst sonnigen Platz mit feuchter Erde wählen; ab Mai auf schossfeste Sorten achten und diese am besten im Halbschatten aussäen. Für eine kontinuierliche Ernte etwa alle 2 Wochen nachsäen.

IN PFLANZGEFÄSSEN Wer keinen Garten hat, kann Kresse ganzjährig auf der Fensterbank ziehen, doch auch für Gartenbesitzer ist diese Anbaumethode im Winter lohnenswert. Dazu von November bis Februar in Anzuchtschalen, Töpfe oder Eierkartons mit Aussaaterde (1–2 cm hoch ist ausreichend) säen oder einfach in einen flachen Untersetzer mit Vliespapier/Küchenkrepp; eine Anzucht in Sprossentürmen oder -Gläsern ist ebenfalls möglich. Gleichmäßig feucht halten – das gelingt oft in einem Aussaatbehältnis mit etwas Erde besser, als auf Vliespapier oder Ähnlichem.

IM GEWÄCHSHAUS Vor allem im zeitigen Frühjahr (März/April) und Herbst (Oktober) kann ein dann noch oder schon leeres Gewächshaus für eine breitwürfige oder Reihen-Aussaat (Abstand 10 cm) von Kresse genutzt werden. Im Sommer ist es der Kresse im Gewächshaus allerdings zu warm, sie würde innerhalb kurzer Zeit schießen; im Winter fehlt die nötige Wärme – dann ist ein Platz am Fensterbrett vorzuziehen.

Es darf geerntet werden!

Wächst Kresse in Schalen oder Ähnlichem, können die Keimlinge bereits 8–10 Tage nach der Aussaat geerntet werden. Im Beet beginnt die Ernte ca. 2–3 Wochen nach der Aussaat, wenn die Pflanzen etwa handhoch sind. Auf jeden Fall ernten, bevor sie Blüten ansetzen. Frisch als Brotbelag, für Salat, Kräuterquark, Eiergerichte und Frankfurter Grüne Soße.

Sortenempfehlungen

- 'Großblättrige': besonders großblättrig und wüchsig
- 'Cresto': besonders aromatisch, für Beet und Fensterbrett
- 'Olympus': schossfest, ideal für den Anbau im Beet ab Mai

Selbst ohne Erde und Garten liefert die genügsame Kresse gesundes Grün.

Löwenzahn Kuhblume, Milchblume, Pusteblume *Taraxacum officinale*

Eigentlich ein „Allerweltskraut", wird der Löwenzahn oft wenig beachtet oder im heimischen Rasen sogar als unwillkommenes Unkraut geschmäht. Dabei handelt es sich um eine Pflanze, von der fast alle Bestandteile in Heilkunde oder Küche Verwendung finden, deren kulinarische Erzeugnisse und Küchengenüsse gleichermaßen lecker und gesund sind, die „von selbst" wächst und mit wenig Aufwand gesammelt werden kann.

Was braucht Löwenzahn, damit er gedeiht?

Am besten wächst Löwenzahn an Plätzen mit nährstoffreichem, lockerem und humosem Boden, sowohl in sonnigen als auch halbschattigen Lagen. Das häufige Wildkraut findet sich auf (Fett-)Wiesen, an Wegrändern, in Gärten, auf Brachflächen, Schutthalden und in Mauerritzen. Grundsätzlich ist der unkomplizierte Löwenzahn ein Generalist, der nahezu überall gedeiht.

Anbau

IM BEET Von März bis Mai oder von September bis Oktober 1–2 cm tief in gut gelockerten Boden aussäen und nur leicht andrücken, nicht mit Erde bedecken (Lichtkeimer!), feucht halten bis zur Keimung, Jungpflanzen auf einen Abstand von ca. 25 cm vereinzeln. Werden die Blüten rechtzeitig vor der Samenbildung geerntet (oder abgeschnitten), erfolgt auch keine unkontrollierte Ausbreitung der Pflanze.

Tipps & Tricks rund um den Löwenzahn

Der weiße Milchsaft, den der Löwenzahn in allen Pflanzenteilen enthält, kann bei manchen Menschen leichte allergische Reaktionen auf Haut und Schleimhaut auslösen; im Zweifelsfall daher beim Ernten Handschuhe tragen. Bei erwiesener Korbblütlerallergie auf den Verzehr verzichten.

Blattgrün für Salat, gelbe Blüten für Sirup – das ist der Löwenzahn!

IN PFLANZGEFÄSSEN Für Anbau im Topf auf jeden Fall ein Gefäß mit mindestens 20 cm Durchmesser und 25 cm Tiefe wählen, denn Löwenzahn bildet eine lange, kräftige Pfahlwurzel und benötigt genügend Wurzelraum. Von März bis August gekaufte oder selbst gesammelte Samen in kleine Töpfe mit Aussaaterde 1–2 cm tief säen, andrücken, gleichmäßig feucht halten, warm stellen. Nach 4 Wochen erscheinen die ersten Keimlinge; diese nach 8 Wochen in ausreichend große (und tiefe) Töpfe mit Gemüseerde aus dem Fachhandel setzen.

IM RASEN Löwenzahn kann auch in einer eigenen oder frei zugänglichen Rasen- oder Wiesenfläche in der Nähe von Haus oder Wohnung geerntet werden, sofern die Pflanzen frei von Verschmutzung und Verunreinigungen sind. Ideal ist eine solche Fläche auf dem eigenen Grundstück. Dort können Sie Löwenzahn auch bleichen: Im Februar dunkle Eimer über die Pflanzen stülpen; nach wenigen Tagen sind die Blätter gelblich, schmecken mild und weniger bitter. Wer verhindern möchte, dass das Kraut überhandnimmt, mäht den Rasen häufig und hält ihn kurz. Die Pflanzen blühen dann nicht und bilden keine Samen aus.

Es darf geerntet werden!

Von März bis September junge Blätter, Knospen, Blüten ernten; von Oktober bis März die fleischige Pfahlwurzel. Frische junge Blätter für Salat, Smoothie, Pesto, Suppe, Soßen; getrocknete Blätter und Wurzel für entwässernden, entgiftenden, leberstärkenden Tee; Wurzel geröstet und gemahlen als Ersatzkaffee; ausgezupfte Blüten als essbare Salatdeko, für Löwenzahnsirup/-honig/-gelee; Knospen als Kapernersatz oder in der Pfanne gedünstet.

Sortenempfehlungen

SPEZIELLE ZÜCHTUNGEN FÜR GARTENKULTUR

- 'Vert de Montmagny', 'Lyonell': weniger stark gezähnte Blätter, weniger Bitterstoffe, bilden viel Blattmasse
- 'Cabbage Leaved': große, tief gelappte Blätter in einer halb aufrechten Rosette, gut zum Blanchieren geeignet

Löwenzahn kommt in vielen, nur schwer zu unterscheidenden Kleinarten vor; sie alle können in der beschriebenen Weise geerntet werden.

Oregano Dost, Wilder Majoran *Oreganum vulgare*

Oregano begegnet uns oft beim Spazierengehen: Wild wachsend findet man das würzige Kraut auf Schotter-/Magerrasen, an trockenen Wegrändern und an Bahndämmen. In unserem Garten hat er sich im Kräuterhochbeet und in einigen Pflasterfugen etabliert. Ob vor oder während der Blüte, ist er immer schnell als Würzkraut zur Hand und außerdem trocknen wir regelmäßig einen Wintervorrat für den Erkältungstee.

Was braucht Oregano, damit er gedeiht?

Oregano liebt warme, sonnige Plätze und trockene, durchlässige, nährstoffarme, kalkhaltige Böden. Er verträgt keine Staunässe! Ältere Pflanzen neigen zum Verholzen, daher im beginnenden Frühjahr bodeneben zurückschneiden. Pflanzen in rauen Gegenden im Winter mit Reisig schützen. Häufig wird Oregano mit Majoran verwechselt, doch obwohl eng verwandt, unterscheiden sie sich: Während Oregano ausdauernd und winterhart ist, muss der einjährige Majoran jährlich neu ausgesät werden.

Tipps & Tricks rund um den Oregano

Oregano ist als Gartenpflanze weitestgehend winterhart; wer ihn dauerhaft im Topf oder Kübel kultiviert, kann diesen zum Überwintern mit Noppenfolie umwickeln und nah an die Hauswand rücken – so übersteht er auch als Topfpflanze die Kälte.

Anbau

IM BEET Als mehrjährige Pflanze lässt sich Oregano durch Aussaat, Teilung und Stecklinge vermehren. Ausgesät wird ab April bei etwa 20 °C direkt ins Beet. Oregano ist ein Lichtkeimer, deshalb Samen nur auf die Erde legen und leicht andrücken, nicht mit Erde bedecken. Keimdauer ca. 8–10 Tage; Sämlinge ab einer Höhe von 5–10 cm vereinzeln. Wer Gelegenheit dazu hat, kann Jungpflanzen auch schon ab Mitte Februar auf der Fensterbank vorziehen. Dazu Samen in Anzuchtschalen oder kleine Töpfchen säen, etwas andrücken und leicht feucht halten. Nach 2–4 Wochen vereinzeln, ab

Mitte April/Mai ins Beet setzen. Ältere Pflanzen können zudem geteilt werden; dazu im Herbst oder Frühjahr ausgraben, Wurzelballen mit Messer oder Spaten zerteilen und die Einzelstücke wieder einsetzen und angießen. Vermehrung auch durch Wurzelausläufer (Mai) oder Kopfstecklinge (Juni, ca. 10 cm lange Triebe) möglich.

IN PFLANZGEFÄSSEN Oregano lässt sich problemlos in Pflanzgefäßen ziehen. Wichtig ist ein lockeres Pflanzsubstrat, in welchem die Wurzeln gut mit Sauerstoff versorgt werden und überschüssiges Wasser schnell wieder abläuft. Gekaufte oder selbst vorgezogenen Jungpflanzen im März/April in Töpfe mit Kräutererde aus dem Fachhandel pflanzen, angießen, hell und warm stellen. Wer Oregano in Gefäßen aussäen möchte, ab April in Schalen mit Aussaaterde (Lichtkeimer!) säen, zu dicht stehende Sämlinge nach ca. 14 Tagen vereinzeln, ab einer Höhe von 10 cm in die dafür vorgesehenen Töpfe setzen.

Es darf geerntet werden!

Ab Juni laufend frische junge Blätter und Triebspitzen kurz vor der Blüte ernten. Zur Blütezeit im Juni/Juli ist der Gehalt an Aromen und ätherischen Ölen am höchsten – dann ganze Triebspitzen mit Blüten und Blättern ernten. Je intensiver die Sonnenbestrahlung, desto mehr ätherische Öle werden gebildet, daher Ernte am besten immer nach einer mehrtägigen Sonnen- und Wärmephase. Blätter, Kraut und Blüten frisch zum Würzen für mediterrane Gerichte, getrocknet als Würze oder Tee.

Auch in sonnig platzierten Töpfen gedeiht Oregano hervorragend.

Sortenempfehlungen

- 'Compactum': niedrig, polsterartig, lange Blütezeit
- 'Variegata': weißbuntes Laub, schwach wachsend
- 'Aureum': Goldoregano, leuchtend goldgelbes Laub

WEITERE ARTEN

- *Origanum heracleoticum*: Griechischer Oregano, sehr aromatisch und würzig, sehr winterhart, weiße Blüten, behaarte Blätter
- *Origanum rotundifolium*: Hopfen-Oregano, sehr würzig, dekorative Blütenstände, Winterschutz ratsam

Petersilie Peterle, Peterling *Petroselinum crispum*

Petersilie ist sozusagen das „Allerweltskraut" unter den Küchenkräutern. Bei uns wächst sie sowohl im Kräuterbeet als auch im Gewächshaus, wo sie als zweijährige Pflanze einen Winter überdauert und uns so schon im zeitigen Frühjahr willkommene Würze und außerdem eine gute Portion Vitamin C liefert. Blüht die überwinterte Petersilie im Sommer und setzt Samen an, wird sie gleich wieder ausgesät.

Was braucht Petersilie, damit sie gedeiht?

Petersilie braucht einen humosen, nährstoffreichen, tiefgründigen, durchlässigen, nicht zu trockenen Boden, einen sonnigen bis halbschattigen Standort und eine gleichmäßige Wasserversorgung, aber keine Staunässe. Petersilie mag keine verkrustete Bodenoberfläche; regelmäßige oberflächliche Bodenlockerung oder Mulchen wirken dem entgegen. Nicht neben Salat und Schnittlauch setzen und nicht nach anderen Doldenblütlern (z. B. Möhren) anbauen!

Anbau

IM BEET Ab Mitte Januar in Aussaatschalen auf der Fensterbank vorziehen; etwa 25 °C sind ideal. Aufgegangene Jungpflanzen bei 15 °C weiter kultivieren; ab April auspflanzen (vorher schrittweise abhärten: Topf einige Tage draußen an geschützten Ort stellen). Oder ab April 1–2 cm tief ins Freie säen, Reihenabstand ca. 20 cm. Während der Keimdauer von 3–4 Wochen für gleichmäßige Wärme und Bodenfeuchtigkeit sorgen (z. B. mit Vlies oder Lochfolie abdecken); Beet unkrautfrei halten. Oder gekaufte Jungpflanzen ab

Tipps & Tricks rund um die Petersilie

Wird Petersilie im Sommer ausgesät, keimt diese meist viel besser und zuverlässiger als im Frühjahr, da Boden und Luft gleichmäßig warm sind. Blühen Ihre Petersilienpflanzen, können auch die danach angesetzten Samen ausgesät werden: Nicht lange damit warten, denn die Samen sind nur kurze Zeit keimfähig!

Die Petersilie strotzt nur so vor vitalem Grün.

Sortenempfehlungen

GLATTE BLATT-PETERSILIE

- 'Laura': kompakter Wuchs, intensives Aroma, wüchsig
- 'Rialto': aromatisch, wüchsig, ertragreich
- 'Einfache Schnitt': sehr aromatisch
- 'Gigante d'Italia': großblättrig, ertragreich

KRAUSE BLATT-PETERSILIE

- 'Mooskrause': stark gekraustes Blatt, lange Stiele, robust
- 'Afrodite': kurze Stiele, aromatisch, wüchsig
- 'Sperlings Smaragd': dicht gekraustes Laub, ertragreich, sehr winterhart

April ins Beet setzen, angießen; Boden vorab lockern und mit Kompost (1 l/m²) versorgen. Anbaufläche alle 3–4 Jahre wechseln. Einjährige Exemplare können im Winter mit Vlies abgedeckt und dann weiter beerntet werden.

IM GEWÄCHSHAUS Ein Gewächshausanbau von Petersilie ist entweder im zeitigen Frühjahr oder über den Winter zu empfehlen. Dazu ab Mitte März 1–2 cm tief aussäen, Reihenabstand ca. 20 cm; gleichmäßig feucht halten; soll im Winter im Gewächshaus geerntet werden, ab Ende Juli säen.

IN PFLANZGEFÄSSEN Ab März/April ca. 1–2 cm tief in Töpfe oder Balkonkasten mit Aussaaterde säen; ab Erntebeginn etwa alle 2 Wochen mit Flüssigdünger aus dem Fachhandel (Kräuterdünger) düngen. Ein halbschattiger Platz ist optimal. Oder ab April gekaufte Pflanzen in Pflanzgefäße mit Kräutererde setzen. Beim Gießen unbedingt darauf achten, dass die Erde gleichmäßig feucht, aber nicht zu nass ist. Topf-Petersilie kann auch draußen überwintert und weiter beerntet werden. Dazu im Herbst Gefäß mit Noppenfolie umwickeln, nah an die Hauswand rücken, Pflanze mit Reisig abdecken oder Topf an einen hellen, kühlen Ort (ca. 15 °C) im Haus stellen.

Es darf geerntet werden!

Von Mai bis November laufend frische Blätter als Beigabe zu Kartoffeln, Quark, Salaten, Suppen und Soßen ernten; nicht mit den Speisen mitkochen; immer erst kurz vor dem Servieren darüber geben. Nachdem Petersilienpflanzen geblüht haben, Blätter nicht mehr ernten. Gut zum Einfrieren geeignet.

Pfefferminze

„Echte" Pfefferminze *Mentha × piperita*

Das intensive Mentholaroma der Pfefferminze, welches einen umgibt, sobald man die Pflanzen im Vorbeigehen streift, ist eine alltägliche und dennoch wunderbare Gartenerfahrung, die wir nicht missen möchten. Wüchsig und pflegeleicht gehört dieses vielseitig verwendbare Kraut zu unseren Gartenlieblingen – es macht außer regelmäßigem Rückschnitt keine Arbeit, sofern man seinen Ausbreitungsdrang im Zaum hält.

Tipps & Tricks rund um die Pfefferminze

Aufgrund ihres intensiven Mentholaromas und des hohen Gehalts dieses ätherischen Öls wird die „Echte" Pfefferminze auch als Heilpflanze verwendet. Wer häufig und viel Minztee trinkt, benutzt dafür besser Sorten, Varietäten und andere Arten, die zwar mentholärmer, aber nichtsdestotrotz aromatisch und gleichzeitig bekömmlicher sind, wie z. B. Krauseminze.

Was braucht Pfefferminze, damit sie gedeiht?

Pfefferminze liebt humose, leichte, kalkhaltige, nährstoffreiche und ausreichend feuchte Böden und einen sonnigen bis halbschattigen Standort. Das mehrjährige flachwurzelnde Kraut breitet sich durch Ausläufer aus. Für eine dauerhafte Pflanzengesundheit Pflanzen alle 3–5 Jahre nach der Blüte teilen und dabei Standort wechseln. Nicht in unmittelbare Nähe zu Kamille setzen: Die Pflanzen behindern sich gegenseitig im Wachstum.

Anbau

IM BEET Aussaat nicht zu empfehlen, da in diesem Fall die Eigenschaften der Sämlinge sehr stark variieren, d. h. Sie also unter Umständen nur wenig aromatische oder nicht schmackhafte Jungpflanzen erhalten würden. Daher am besten ab April/Mai gekaufte Jungpflanzen setzen, Boden vorab lockern und mit Kompost (1 l/m²) versorgen. Es können auch kräftige Pflanzen nach der Blüte zurückgeschnitten und geteilt oder Wurzelausläufer eingesetzt oder im Frühsommer Stecklinge geschnitten werden. Dazu von kräftigen Neutrieben die Spitzen (ca. 15 cm lang) abschneiden, unterste Blätter entfernen, Stecklinge in feuchte Erde stecken, bis zum Bewurzeln gleichmäßig (luft-)feucht halten. Da Pfefferminzpflanzen über einen intensiven Ausbreitungsdrang verfügen, der sie schnell einmal mehrere Quadratmeter eines Beetes erobern und weniger wüchsige Nachbarn überwuchern und verdrängen lässt, ist es ratsam, eine Wurzelsperre einzubauen. Das kann eine geeignete Folie aus dem Fachhandel oder aber auch ein bodeneben eingegrabener Mörtelkübel sein.

IN PFLANZGEFÄSSEN Ein Anbau im Topf ist problemlos möglich; Gefäße nicht zu klein wählen; ein Gemisch aus Gartenerde und Kompost (1:1) oder Gemüseerde aus dem Fachhandel verwenden; ab April/Mai gekaufte Jungpflanzen einsetzen; halbschattig aufstellen, Töpfe nicht austrocknen lassen; alle 1–2 Jahre, am besten im Frühjahr, die Erde austauschen. Pfefferminze im Pflanzgefäß zum Überwintern bodeneben zurückschneiden, dann Topf mit Noppenfolie umwickeln und nah an die Hauswand rücken.

Es darf geerntet werden!

Der beste Erntezeitpunkt der Pfefferminze ist zwischen Juni und August. Ganze Stängel bodeneben abschneiden und Blätter dann abzupfen, am besten morgens. Zum Trocknen nicht in die Sonne hängen. Bis kurz vor der Blüte können laufend frische Blätter und Triebspitzen geerntet werden. Blätter frisch für Süßspeisen, Soßen, Bowle, Likör, Fleischgerichte oder getrocknet für Tee.

Sortenempfehlungen

- 'Agnes': besonders intensives Minzaroma
- 'Multimentha': Thüringer Pfefferminze, robust, sehr aromatisch
- *Mentha × piperita* var. *citrata* 'Lemon': Zitronen-Minze
- *Mentha × piperita* var. *citrata* 'Orange': Orangen-Minze
- *Mentha × piperita* var. *piperita* 'Schoko': Schoko-Minze

WEITERE ARTEN

- *Mentha spicata* var. *crispa*: Krauseminze
- *Mentha suaveolens*: Ananas-Minze

Die Pfefferminze muss im kleinen Garten gut im Zaum gehalten werden.

Rosmarin

Rosmarinum officinalis (neu: *Salvia rosmarinus*)

Der Duft des Rosmarins erinnert uns an Urlaub, sonnigen Süden, würzige Mittelmeerküche; seine Blüten im zeitigen Frühling sind immer eine Überraschung. An einem warmen Plätzchen ist seine Kultur völlig unproblematisch; lediglich die Überwinterung will überlegt sein. Bei uns überwintert ein großes Exemplar im kalten, hellen Hausgang, die anderen überdauern dick in Vlies verpackt im Garten.

Ein warmer, geschützter Standort lässt den Rosmarin prächtig gedeihen.

Tipps & Tricks rund um den Rosmarin

Überwintern: Im Haus kühl und hell stellen (ca. 10 °C), mäßig gießen. Im kalten Gewächshaus Pflanzen samt (Ton-)Topf bodeneben in die Erde einsenken, mit Vlies bedecken, gelegentlich bei frostfreiem Wetter gießen. Im Freien an sonnigen, windgeschützten Plätzen von Dezember bis April mit einer doppelten Lage Vlies abdecken.

Was braucht Rosmarin, damit er gedeiht?

Als typisches Gewächs des Mittelmeerraums liebt Rosmarin Sonne und Wärme. Sein bisheriger lateinischer Name „ros marinus“ bedeutet „Tau des Meeres“ und weist vielleicht darauf hin, dass er häufig in Küstenregionen und an felsigen Hängen wächst. Bei uns gedeiht er gut auf mäßig trockenen, durchlässigen, kalkhaltigen Böden, die gerne etwas steinig sein dürfen. Auch der höchste Platz auf einer Kräuterspirale ist ein guter Standort für den wärmeliebenden Halbstrauch. Dort kann er gut den Sommer verbringen und zum Überwintern herausgenommen werden. Denn seine Überwinterung gelingt am besten im Haus; in milden Regionen sogar draußen mit zusätzlichem Winterschutz.

Anbau

IM BEET Jungpflanzen ab Ende Mai ins Freie setzten, angießen. Vor dem Winter Wurzelbereich mit einer dicken Schicht Herbstlaub schützen, Pflanze mit zwei Lagen Gärtnervlies einpacken. Für eine zuverlässige Überwinterung im Freien unbedingt einen Standort mit durchlässigem, trockenem Boden wählen, da die Pflanzen auch in milderen Regionen bei winterlicher Nässe meist eingehen. Etwa Ende März nach der Blüte alle letztjährigen Triebe auf kurze Stummel zurückschneiden, dann bleibt der Strauch schön kompakt. Vermehrung durch Stecklinge im Juli/August von kräftigen Pflanzen. Dazu ca. 10 cm lange Triebspitzen, die im unteren Bereich bereits leicht verholzt sind, schneiden und in Töpfe mit Anzuchterde setzen, angießen, luftfeucht halten, nach dem Bewurzeln umpflanzen.

IN PFLANZGEFÄSSEN Da Rosmarin in vielen Regionen Deutschlands nicht zuverlässig winterhart ist, geht man mit einer Kultur im Topf auf der Terrasse oder dem Balkon auf Nummer sicher – außerdem sind meist ein bis zwei Pflanzen ausreichend. Als Substrat eignet sich herkömmliche Kübelpflanzenerde oder Kräutererde, die mit Sand oder Tongranulat gemischt wird (1:1). Gekaufte Jungpflanzen einsetzen, Töpfe nicht zu klein wählen, da ältere Pflanzen möglichst wenig umgetopft werden sollten. Mäßig gießen; Staunässe vermeiden! Eingewachsene Pflanzen im Frühjahr mit einer Handvoll Hornspäne düngen.

Es darf geerntet werden!

Blätter, Triebspitzen und ganze Zweige können von Mai bis September laufend geerntet werden; sie werden frisch oder getrocknet für Fisch-, Geflügel-, Fleischgerichte, mediterrane Küche, Kartoffelgerichte, Kräuterbutter, Würzöl verwendet. Blüht der Rosmarin, sind auch die Blüten als milde Würze genießbar.

Sortenempfehlungen

- 'Arp': breitwüchsig, außergewöhnlich robust und winterhart, gut eingewachsene Pflanzen überstehen auch Temperaturen bis zu −20 °C
- 'Veitshöchheim': wüchsig, relativ winterhart
- 'Salem': aromatisch, wüchsig
- 'Capri': hängende Wuchsform, würzig
- 'Santa Barbara': kriechender Wuchs, robust

Salbei Gartensalbei, Küchensalbei *Salvia officinalis*

Der Salbei wächst bei uns regelmäßig zu riesigen Exemplaren heran, die zwar viel mehr an würzigen, gesunden Blättern liefern, als wir verbrauchen können, doch schätzen wir den Halbstrauch auch wegen seiner schönen Blüte, die Bienen und andere Insekten zahlreich anlockt. Außerdem verfeinert die herbe Würze viele Gerichte und beschert uns unerwartete Geschmackserlebnisse!

Tipps & Tricks rund um den Salbei

Ausgesprochene Liebhaber des würzigen Salbeiaromas sollten beachten, des Guten nicht zu viel zu tun: Neben ätherischen Ölen und anderen gesunden Inhaltsstoffen enthält die Pflanze auch Thujon, einen Stoff, der in großen Mengen gesundheitsschädlich ist. Daher Salbei nicht im Übermaß, nicht über lange Zeiträume und nicht während der Schwangerschaft verwenden!

Was braucht Salbei, damit er gedeiht?

Die Heimat des Salbeis ist der mediterrane Raum, weshalb die Pflanze vollsonnige bis sonnige, warme und windgeschützt Plätze liebt. Der Boden sollte durchlässig, kalkhaltig, trocken, lehmhaltig oder steinig sein; Staunässe verträgt der Salbei nicht! Ein Standort an einer sonnenexponierten Terrasse oder einem Sitzplatz ist ideal – dann kann man möglichst oft das würzige Aroma genießen. Das herbe Kraut ist weitgehend winterhart, ist aber bei anhaltenden Frösten für eine Reisigabdeckung dankbar. Ebenso ist in Wintern mit starkem Schneefall ein Lattengerüst oder Ähnliches als Schutz vor Schneedruck empfehlenswert. Sein Name leitet sich vom lateinischen „salvus", d. h. „gesund" ab und deutet auf die Verwendung als traditionelles Heilkraut hin.

Anbau

IM BEET Ab Mitte/Ende Februar auf der Fensterbank vorziehen oder ab Ende April bis Ende Juni direkt ins Freie säen; Aussaattiefe 0,5–1 cm (Lichtkeimer!), gleichmäßig feucht halten, ideale Tempe-

Meistens ist eine einzige Salbeipflanze im Garten ausreichend.

Sortenempfehlungen

- 'Purpurascens': rotbraunes Laub, schwachwüchsig
- 'Tricolor': weiß-purpur-grau-farbiges, teilweise rosa-violettes Laub, violette Blüten, schwachwüchsig
- 'Aurea': gelbbuntes Laub, schwachwüchsig
- 'Berggarten': silbergraues Laub, große blauviolette Blüten

ratur ca. 18 °C. Nach 1–3 Wochen erste Sämlinge; sind sie 10–15 cm hoch, auf einen Abstand von ca. 30 cm vereinzeln. Im Juli können auch Stecklinge geschnitten werden (Triebspitzen ca. 10 cm lang). Untere Blätter entfernen und in Töpfe mit Anzuchterde setzen, angießen, luftfeucht halten, nach dem Bewurzeln umpflanzen. Oder gekaufte Jungpflanzen ab April ins Beet setzen. Salbei gedeiht auch gut an einem erhöhten, sonnenexponierten Platz in der Kräuterspirale. Rückschnitt im Februar/März, kurz bevor die Pflanze neu austreibt: Triebe auf ca. 15–20 cm zurückschneiden; außerdem Rückschnitt nach der Blüte – Ziel ist eine kompakte, buschige Pflanzenform.

IN PFLANZGEFÄSSEN Ab Mitte Mai vorgezogenen oder gekaufte Jungpflanzen in Pflanzgefäße setzen, angießen, an warmen Plätzen aufstellen. Salbei, der im Topf draußen überwintert, mit Gärtnervlies einpacken, nah an die Hauswand rücken und Topf mit Noppenfolie umwickeln.

Es darf geerntet werden!

Von Juni bis September laufend junge Blätter und Triebspitzen ernten und frisch oder getrocknet für Soßen, Würzöl, Kräuterbutter, Nudel-, Fisch- und Fleischgerichte oder Erkältungstee verwenden; am aromareichsten sind sie kurz vor der Blüte. Blätter können mit den Speisen mitgekocht oder auch in Teig ausgebacken werden. Die Blüten sind ebenfalls genießbar (z. B. Blütenbutter, Würzöl).

Schnittlauch Binsenlauch, Graslauch *Allium schoenoprasum*

Schnittlauch ist DAS Küchenkraut schlechthin und kommt als heimische Pflanze sogar heute noch wild in Flussauen und auf Feuchtwiesen vor. Wir lieben seinen würzigen Lauchgeschmack das ganze Jahr über, aber ganz besonders im Frühling. Im Sommer freuen wir uns an seinen violetten Kugelblüten, die zahlreiche Insekten magisch anziehen und sich außerdem hervorragend für sommerliche Blütenbutter eignen.

Was braucht Schnittlauch, damit er gedeiht?

Schnittlauch benötigt einen nährstoffreichen, kalkhaltigen, humosen und ausreichend feuchten Boden sowie einen sonnigen bis halbschattigen Standort. Bei großer Sommerhitze das Lauchgewächs regelmäßig gießen, sonst werden die Blattröhren trocken und strohig. Schnittlauch eignet sich übrigens nach dem Prinzip der Mischkultur hervorragend als Nachbar für viele verschiedene Gemüsearten. Gute Nachbarn sind Erbsen, Bohnen und Möhren; ungeeignete Partner sind Kohlgewächse und Petersilie. Der Duft des Schnittlauchs vertreibt im Möhrenbeet – ähnlich wie der von Zwiebeln – die Möhrenfliege. Auch für Erdbeeren gibt er einen guten Partner ab: Wächst er zwischen ihnen, wird ihre Anfälligkeit für einen Befall mit Pilzkrankheiten reduziert.

Tipps & Tricks rund um den Schnittlauch

Für die Winterernte im Spätherbst ein Stück einer zweijährigen Pflanze im Beet abstechen und an einem trockenen Platz im Freien lagern, bis die oberirdischen Pflanzenteile verdorrt sind. Ab Dezember Wurzelballen 12 Stunden in warmes Wasser (ca. 35 °C) legen, anschließend eintopfen, hell und warm (ca. 20 °C) stellen, gießen, dann treibt die Pflanze frisch aus.

Anbau

IM BEET Von Mitte März bis Mitte April ca. 1–2 cm tief (Dunkelkeimer!) ins Beet säen, ca. 1 cm mit Erde bedecken, Boden vorab lockern und mit Kompost (1 l/m²) versorgen. Schnittlauch ist ein Kaltkeimer: Eine Vorkultur auf der warmen Fensterbank bietet hier also keine Vorteile, stattdessen ist eine Umgebungstemperatur von

5–10 °C ideal; bei 18–20 °C keimen die Samen deutlich lückenhafter und langsamer. Bis zur Keimung gleichmäßig feucht und unkrautfrei halten. Staunässe vermeiden! Oder im Herbst/Frühjahr den Wurzelballen einer älteren Pflanze ausgraben, teilen, die Teilstücke wieder einpflanzen, die Röhrenblätter bis auf 5 cm zurückschneiden, angießen.

IN PFLANZGEFÄSSEN Gekaufte Jungpflanzen in Töpfe/Blumenkästen mit Kräutererde aus dem Fachhandel setzen, angießen, keinesfalls Drainageschicht am Grund des Topfes vergessen! Oder im April/Mai ca. 1–2 cm tief direkt in Töpfe mit Anzuchterde säen (nicht zu dicht), ca. 1 cm mit Erde bedecken, bis zur Keimung gleichmäßig feucht halten, halbschattig und kühl bei 5–10 °C im Freien aufstellen. Nach der Keimung können die Jungpflanzen heller, wärmer stehen, aber kein direktes Sonnenlicht. Ab ca. 10 cm Höhe in Töpfe mit Kräutererde umpflanzen. Während der Sommermonate etwa alle 2 Wochen mit flüssigem Kräuterdünger (Fachhandel) versorgen.

Sortenempfehlungen

- 'Nero', 'Nelly': dicke Röhrenblätter, gut für Topfkultur geeignet
- 'Grolau': breite, sehr aromatische Blätter
- 'Forescate': kräftig rosafarbene, große Blüten, lange, kräftige Blätter
- 'Corsican White': weiße Blüten

Es darf geerntet werden!

Von April bis November, ab einer Höhe von ca. 15 cm die röhrenförmigen „Blätter" frisch für Kräuterbutter, zum Würzen für Salat, Suppe, Quark-, Eier-, Gemüsegerichte ernten. Sobald die Pflanze blüht, keine Blätter mehr ernten – stattdessen lassen sich dann die ausgezupften Einzelblüten z. B. als essbare Deko und für Blütenbutter verwenden.

Die violette Schnittlauchblüte würzt und dekoriert viele Speisen.

Thymian Echter Thymian, Gartenthymian *Thymus vulgaris*

Vom Thymian haben wir immer mehrere Pflanzen sowohl in Pflanzgefäßen als auch im Kräuterbeet, denn er ist so vielseitig zu gebrauchen und wächst dabei an einem sonnigen Plätzchen problemlos, dass wir das aromatische Kraut nicht missen möchten. Wir nutzen Thymian als Würze in zahlreichen Speisen, trocknen ihn als Würzvorrat für den Winter und ebenso als Bestandteil eines wirkungsvollen Erkältungstees.

Blühender Thymian: Eine Freude für Insekten und Küchengärtner!

Tipps & Tricks rund um den Thymian

Als Halbstrauch tut dem Thymian ein Schnitt im Frühjahr vor dem Austrieb (März/April) gut. Dazu die immergrünen Zweige um etwa ein Drittel einkürzen, dann treiben die Pflanzen kräftig aus, bleiben kompakt und vergreisen nicht. Außerdem nach der Blüte die Triebspitzen (ca. 10 cm) kappen.

Was braucht Thymian, damit er gedeiht?

Thymian, ein kleiner Halbstrauch, der ursprünglich aus dem Mittelmeerraum stammt, liebt sonnige, warme Plätze mit nährstoffarmem, trockenem, steinigem oder sandigem, durchlässigem und idealerweise kalkhaltigem Boden. Er kann auch gut in eine Trockenmauer bzw. in den oberen Teil einer Kräuterspirale integriert oder – niedrige Arten – als aromatisch duftender Bodendecker zur Begrünung von Pflasterfugen verwendet werden. Wichtig ist, dass die Pflanze ausreichend Sonne und Wärme bekommt – umso ausgeprägter ist dann ihr Aroma.

Anbau

IM BEET Ab Februar in kleinen Töpfchen oder Saatschalen auf der Fensterbank vorziehen in einer Mischung aus Anzuchterde und Sand (1:1) oder ab April/Mai im Gewächshaus. Samen nur andrücken, nicht mit Erde bedecken (Lichtkeimer!), bis zur Keimung gleichmäßig feucht halten, mindestens 15 °C warm stellen und mit Folienhaube oder Ähnlichem abdecken. Nach 6–7 Wochen Jungpflanzen in Töpfe vereinzeln, ab Mitte/Ende Mai ins Freie setzen, Pflanzabstand 25 cm, nicht zu tief pflanzen! Oder ab April direkt ins Freie säen, oder Vermehrung durch Stecklinge von Mai bis August. Dazu leicht verholzte Triebspitzen (ca. 10 cm lang) schneiden und in Töpfe mit Anzuchterde setzen, boden- und luftfeucht halten, bis sie bewurzelt sind, dann auspflanzen. Oder gekaufte Jungpflanze an Ende April/Anfang Mai ins Beet setzen.

IN PFLANZGEFÄSSEN Thymian lässt sich sehr gut in Gefäßen anbauen. Gut geeignet sind frostbeständige Terracottatöpfe mit einem guten Wasserabzug bzw. einer Drainageschicht. Wählen Sie das Gefäß nicht zu klein, denn Thymian entwickelt ein recht weit verzweigtes und tief reichendes Wurzelsystem, das auch in trockenen Zeiten eine ausreichende Versorgung mit Wasser und Nährstoffen gewährleistet. Vorgezogene oder gekaufte Jungpflanzen ab April/Mai in Töpfe mit Kräutererde aus dem Fachhandel setzen (nicht zu tief!), angießen, bei Trockenheit mäßig gießen. Thymian, der im Topf draußen überwintert, nah an die Hauswand rücken, Pflanze mit Reisig abdecken und Topf mit Noppenfolie umwickeln.

Es darf geerntet werden!

Von Mai bis September junge Triebspitzen und Blättchen (am aromatischsten kurz vor der Blüte) ernten und frisch oder getrocknet für Fleischgerichte, mediterrane Küche, Würzöl, Kräuterbutter, schleimlösenden Tee verwenden. Blüht die Pflanze, Blüten ebenso wie die Blätter nutzen.

Sortenempfehlungen

- 'Compactus': besonders kompakter Wuchs, gut für Topfkultur geeignet
- 'Deutscher Winter': sehr aromatisch, großblättrig
- 'Argentus': Silberthymian, grün-weiße Blätter

WEITERE ARTEN

- *Thymus × citriodorus*: Zitronen-Thymian, grün-weiße Blätter mit Zitronenaroma
- *Thymus herba-barona*: Kümmel-Thymian mit Kümmelaroma
- *Thymus serpyllum*: heimischer Sand-Thymian, kriechend, max. 10 cm hoch

Zitronenmelisse Bienenkraut, Herztrost, Honigblume *Melissa officinalis*

Schon wenn man im Vorbeigehen über die Pflanze streicht, steigt einem das wunderbar erfrischende Zitronenaroma in die Nase, welches auch hervorragend in verschiedene Speisen und Getränke passt. Dabei erfreut uns die Zitronenmelisse mit unkompliziertem und üppigem Wachstum und regelmäßigen Erntefreuden, die auch noch für einen Wintervorrat an gesundem und leckerem Tee ausreichen.

Was braucht Zitronenmelisse, damit sie gedeiht?

Die Zitronenmelisse gedeiht an sonnigen bis halbschattigen, geschützten Standorten auf durchlässigen, humosen, nicht zu trockenen Böden. Ursprünglich stammt die Pflanze aus dem Mittelmeerraum, ist mittlerweile allerdings in warmen Regionen auch wild wachsend an Wald- und Heckenrändern anzutreffen. Die äußerst wüchsige Zitronenmelisse verfügt über eine zuverlässige Winterhärte; in ausgesprochen winterkalten Gebieten kann eine zusätzliche Reisigabdeckung die Pflanze schützen.

Tipps & Tricks rund um die Zitronenmelisse

Obwohl eine ausgewachsene Zitronenmelissen-Pflanze sehr genügsam und auch nicht besonders durstig ist, haben Jungpflanzen – ob aus Samen oder Stecklingen herangezogen – einen erhöhten Wasserbedarf. Gießen Sie sie regelmäßig, bis sie gut angewachsen sind bzw. ausreichend Wurzelwerk gebildet haben.

Anbau

IM BEET Ab März/April am warmen Fensterbrett bei 15–20 °C vorziehen; dazu in Töpfe oder Anzuchtschalen mit Aussaaterde säen, nur dünn mit Erde bedecken (Lichtkeimer!), angießen. Die Pflanzen keimen nach 3–4 Wochen; nach weiteren 6 Wochen Jungpflanzen ins Freie setzen, Abstand ca. 30 cm. Oder gekaufte Jungpflanzen ab März ins Beet setzen, in den ersten Wochen regelmäßig gießen. Rund um die Pflanze nur vorsichtig oder gar nicht hacken, um die weitstreichenden Flachwurzeln nicht zu verletzen. Ein zwei- bis dreimaliger bodenebener Rückschnitt während der Vegetationszeit regt einen regelmäßigen Neuaustrieb an. Meist sind ein bis zwei Exemplare des starkwüchsigen Krautes im Garten ausreichend.

IN PFLANZGEFÄSSEN Zitronenmelisse lässt sich auch im Topf kultivieren; wählen Sie aufgrund der Wüchsigkeit der Pflanze das Pflanzgefäß auf jeden Fall ausreichend groß. Als Substrat eignet sich lehmig sandige Gartenerde oder Kräutererde aus dem Fachhandel. Gekaufte Jungpflanzen ab März in Töpfe setzen oder im März/April ältere Pflanzen teilen und Teilstücke mit jeweils mindestens zwei Trieben einsetzen. Eine Vermehrung durch Stecklinge im Juli ist ebenfalls möglich: Etwa 10 cm lange Triebspitzen schneiden, untere Blätter entfernen, in Töpfe mit Anzuchterde stecken und für gleichmäßige Boden- und Luftfeuchte sorgen. Sobald neue Blätter wachsen, einzeln in Töpfe verpflanzen. Topf zum Überwintern nah an die Hauswand rücken, mit Noppenfolie umwickeln.

Es darf geerntet werden!

Laufend frische Blätter und Triebspitzen ernten; Haupternte (bodeneben abschneiden) im Juni oder Juli, kurz bevor die Pflanze zu blühen beginnt, da dann der Gehalt an Aromastoffen am höchsten ist. Frisch für Salat, Fischgerichte, Soßen, Desserts, Marmeladen, Sirup, Getränke; Blätter nicht mit den Speisen mitkochen; getrocknet für herzstärkenden, schlaffördernden Tee.

Zitronenmelisse wächst üppig und darf großzügig geerntet werden.

Sortenempfehlungen

- 'All Gold': leuchtend gelbes Laub, nicht in die pralle Sonne
- 'Variegata': gelb-grün geflecktes Laub
- 'Binsuga': weiß-rosafarbene Blüte, lang blühend (Juni bis September), kompakter Wuchs, ausgesprochen winterhart, hoher Gehalt an ätherischen Ölen

WEITERE ARTEN

- *Melissa officinalis* subsp. *altissima*: Kreta-Melisse, violette Blüten, fruchtiges Limettenaroma, wird bis zu 80 cm hoch
- *Melissa vulgaris*: Gewöhnliche Melisse, rosafarbene Blüten, bis zu 60 cm hoch

Gemüse: knackig, frisch, gesund

Hier finden Sie leicht zu ziehende Salate, rasante „Schnellstarter", leckere Frucht- und knackige Wurzelgemüse. Das Gemüsesortiment, welches wir Ihnen hier vorstellen, eignet sich insbesondere für Anfänger und Einsteiger, für Beet, Topf und Kübel.

Während es früher beim Gärtnern meist um notwendige Selbstversorgung ging, stehen heute gesunder Genuss, Spaß am „Garteln" und Betätigung an der frischen Luft im Vordergrund. Dafür braucht es keinen großen Garten; selbst mit einem kleinem Beet, einem „Balkongarten" oder einem nur begrenzten Zeitpensum brauchen Sie nicht auf leckere Gartenerzeugnisse zu verzichten! Mit etwas Planung vorab und der Auswahl geeigneter Arten bzw. Sorten gelingt der Anbau eigenen Gemüses, macht Freude und liefert reiche Ernte. Dennoch lässt sich „schnell & einfach" beim Gemüseanbau nicht immer verwirklichen: Im Vergleich mit schnellwüchsigen Radieschen, die Sie schon wenige Wochen nach der Aussaat in den Salat schneiden, müssen Sie sich bei Tomaten eine ganze Gartensaison lang gedulden, bevor Sie ernten. Andererseits gedeihen selbst Tomaten problemlos im Kübel oder Kunststoffsack, weshalb wir sie Ihnen trotz längerer Kulturzeit hier wärmstens empfehlen!

Gemüse im Topf

Bei allen Anbauempfehlungen für Gemüse in Pflanzgefäßen wichtig: Ein guter Wasserabzug durch ausreichend Abflusslöcher im Topfboden und eine Drainageschicht (grober Kies, Blähton) am Grund des Gefäßes. Schwarze Kunststoffgefäße auf heißen Südbalkonen heizen sich in der Sonne stark auf; die Erde trocknet schneller aus, eventuell leiden auch die Pflanzenwurzeln. Helle Töpfe oder Terracottagefäße bevorzugen. Besonders praktisch in der Handhabung: Tischbeete, Pflanzkästen aus Holz oder Kunststoff auf Beinen.

Ein Kleingewächshaus lohnt sich!

Unsere Empfehlungen für Gewächshäuser beziehen sich auf einfache, ungeheizte Kleingewächshäuser. In Relation zu ihrer preisgünstigen Anschaffung haben sie viele Vorteile: zeitig im Jahr erster Gemüseanbau, gleichmäßige Wärme, Schutz vor Wind und Wetter für wärmebedürftige Gemüse im Sommer, verlängerte Anbauzeit im Herbst/Winter.

Andenbeere Inkapflaume, Kapstachelbeere *Physalis peruviana (Physalis edulis)*

Die exotisch anmutenden, leckeren Früchte mit den lampionartigen Hüllblättern kennt man aus dem Supermarkt oder als essbare Deko am Buffet – umso mehr begeistert uns, dass sich Andenbeeren ohne großen Aufwand im Garten oder Kübel kultivieren lassen. Die typische „Naschfrucht" versüßt uns als kleiner „Snack" regelmäßig die sommerliche Gartenarbeit zwischen den Gemüsebeeten.

Was brauchen Andenbeeren, damit sie gedeihen?

Andenbeeren sind wärmebedürftige Pflanzen, die bei uns einen geschützten und vollsonnigen Standort bevorzugen. Der Boden bzw. das Substrat (bei Topfkultur) sollte locker und humos sein und sich leicht erwärmen. Wo im Herbst frühe Fröste drohen, reifen die angesetzten Früchte leider meist nicht aus; empfehlenswerte Alternative ist in diesem Fall ein Anbau im Topf, sofern dieser warm und geschützt steht. Andenbeeren sind ausgesprochen trockenheitsverträglich, bringen aber deutlich mehr Früchte hervor, wenn sie bei Sommerhitze bewässert werden.

Anbau

IM BEET Ab Mitte Februar Vorkultur im Topf auf der Fensterbank oder Aussaat im Freien ab Mitte Mai (Saattiefe 1–2 cm). Eine Temperatur von 25 °C ist für die Keimung optimal. Bei Vorkultur nach 2–3 Wochen Sämlinge in größere Töpfe pikieren. Werden die Pflanzen noch ein weiteres Mal in größere Töpfe gesetzt, beschleunigt das ihr Wachstum. Ab Mitte/Ende Mai auspflanzen, Boden vorab mit Kompost versorgen; Pflanzabstand 60 cm. Die Pflanzen an Stäben/Schnüren mehrtriebig ziehen, dazu Triebspitzen abkneifen.

Tipps & Tricks rund um die Andenbeere

Andenbeeren können auch überwintert werden: frostfrei bei 5–10 °C, kühl, hell. Vorab stark zurückschneiden, sodass allein die Haupttriebe stehen bleiben. Nur äußerst sparsam gießen. Ist eine Überwinterung geglückt, kann die Ernte im Folgejahr höher ausfallen. Überwinterung im beheizten Wohnraum nicht ratsam. Übrigens: Andenbeeren zählen tatsächlich zu Gemüsen.

Ein Ausgeizen wie bei Tomaten ist nicht zwingend nötig. Regelmäßig wässern. Standort alle 3–4 Jahre wechseln, nicht nach Tomaten anbauen.

IM GEWÄCHSHAUS Unseren Erfahrungen nach können Andenbeeren ähnlich wie Tomaten im Gewächshaus angebaut werden, wachsen dort auch gut, entwickeln aber meist mehr Blattmasse als Früchte. Außerdem schmecken die Früchte deutlich weniger aromatisch – daher unser Fazit: Gewächshausanbau bei Andenbeeren lohnt sich nicht wirklich!

IN PFLANZGEFÄSSEN Vorgezogene Pflanzen ab Mitte Mai in Töpfe setzen oder Aussaat direkt ins Pflanzgefäß (Saattiefe 1–2 cm). Gefäße sollten ein Volumen von 15–20 l haben; bei typischen „Balkonsorten“ (z. B. 'Biscuit') genügen auch 10 l. Tomatenerde aus dem Fachhandel verwenden. Sonnig und geschützt aufstellen. Schnüre oder Pflanzstäbe anbringen, Pflanzen mehrtriebig ziehen, regelmäßig wässern, etwa 6–8 Wochen nach der Pflanzung mit handelsüblichem Tomatendünger düngen. Hängen bei Frostbeginn noch viele unreife Früchte an den Pflanzen, Töpfe ins Haus stellen und Früchte dort nachreifen lassen.

Es darf geerntet werden!

Von Mitte Juli bis Oktober sind Andenbeeren erntereif. Sie verfärben sich dann von gelb nach orangefarben; die pergamentartigen Hüllblätter werden braun und trocknen ein. Beeren mit Hüllblättern ernten; als Rohkost oder Marmelade; keine grünen Beeren verzehren!

Werden die ersten Hüllblätter bräunlich, sind Andenbeeren erntereif.

Sortenempfehlungen

- 'Biscuit': kompakter Wuchs, gut für Töpfe/Kübel, ertragreich, aromatisch, früher Erntebeginn (Mitte Juni)
- 'Peters Beste': breit und buschig wachsend, ertragreich, sehr süß
- 'Schönbrunner Gold': großfrüchtig, sehr aromatisch
- 'Little Lanterns': kompakter Wuchs, gut für Töpfe/Kübel, ertragreich
- 'Little Buddha': starkwüchsig, ertragreich, sehr großfrüchtig, angenehmes süßsaures Aroma

Feldsalat Ackersalat, Nüsslisalat, Rapunzel *Valerianella locusta*

Schon die Tatsache, dass Feldsalat eigentlich eine wild wachsende, einheimische Art ist, die man vor allem auf magerem Brachland finden kann, deutet darauf hin, dass die kleine Salatpflanze unkompliziert anzubauen ist. Am genügsamen Feldsalat begeistert uns, dass er außerhalb der üblichen Gartensaison kultiviert werden kann und dann im Herbst bzw. Winter geerntet wird – welch eine wunderbare Ausnahme!

Was braucht Feldsalat, damit er gedeiht?

Hinsichtlich des Standorts ist Feldsalat nicht wählerisch; ideal sind jedoch ein sonniger Platz mit humosem, nicht zu leichten Gartenboden, der gerne auch etwas kalkhaltig sein darf. Der Ackersalat ist außerdem eine gute Nachkultur auf Beeten, wo zuvor anderes Gemüse wuchs und schon abgeerntet wurde – die dort noch im Boden vorhandenen Nährstoffe reichen völlig aus, um den genügsamen „Hungerkünstler" ohne Düngung üppig wachsen zu lassen. Nach dem Auflaufen dürfen die Beete keinesfalls zu nass gehalten werden, sonst droht Befall mit Falschem Mehltau!

Tipps & Tricks rund um den Feldsalat

Schützen Sie Feldsalat für die Winterernte ca. ab Mitte Dezember mit Gartenvlies oder Reisigabdeckung, dann können Sie sogar bei mildem Klima an kalten Tagen und selbst bei Schnee noch ernten. Auch Folie bzw. Vlies über Drahtbögen gespannt oder ein Frühbeet ermöglicht die problemlose Ernte des gesunden Wintersalates.

Anbau

IM BEET Feldsalat für die Herbsternte wird Mitte Juli/August, für die Winterernte im September ausgesät. Aussaat am besten in Reihen mit einem Pflanzabstand von 15 cm und etwa 1–2 cm tief. Nicht zu dicht säen! Vor der Saat sehr lockeren Boden mit einem Holzbrett festdrücken, die Saat bis zum Aufgehen (etwa 3 Wochen) keinesfalls austrocknen lassen. Bei Temperaturen ab 28 °C und wärmer keimen die Samen nicht mehr. Regelmäßig Unkraut jäten.

IM GEWÄCHSHAUS Feldsalat bedarf eigentlich keiner Vorkultur, doch wer ein Gewächshaus hat, kann ihn dort gut vorziehen. Dazu einzelne Samen z. B. in Multitopfplatten (3–5 Samen/Topf) aussäen. Kommen die Pflänzchen nach etwa 4 Wochen ins Beet, sind sie der „Unkrautkonkurrenz" schon ein gutes Stück davongewachsen! Ein unbeheiztes Gewächshaus eignet sich auch für die Aussaat von Wintersorten.

IN PFLANZGEFÄSSEN Feldsalat kann auch im Balkonkasten kultiviert werden, doch bei uns haben sich Tetra-Pak-Tüten (von Milch oder Fruchtsaft) bestens bewährt. Dazu das obere Ende der Tetra-Paks mit der Ausgießöffnung abschneiden, das untere Ende mit Wasserabzugslöchern versehen und Tüten mit Anzuchterde aus dem Fachhandel oder einem Gemisch aus gesiebtem Kompost, Gartenerde und Sand (1:1:1) füllen. Jeweils 4–5 Samen hinein säen (Saattiefe/-zeitpunkt wie bei Anbau im Beet). Tetra-Paks an einem sonnigen Platz aufstellen. Aufgrund des reichlichen Erdvolumens wächst der Salat besser als im Balkonkasten!

Es darf geerntet werden!

Etwa 8–10 Wochen nach der Aussaat kann der schnellwüchsige Feldsalat schon geerntet werden, d. h. die Herbstsorten sind im September/Oktober erntereif. Die Wintersorten keimen im Herbst zwar meist noch gut, wachsen jedoch bei tiefen Temperaturen deutlich weniger – sie können von November bis Januar/Februar geerntet werden. Möglichst ganze Rosetten dicht über dem Boden abschneiden.

Sortenempfehlungen

SORTEN FÜR HERBSTERNTE
- 'Holländischer Breitblättriger': große Pflanzen, nicht frostfest
- 'Juwallon': ertragreich, sehr wüchsig, nicht frostfest

SORTEN FÜR WINTERERNTE
- 'Dunkelgrüner Vollherziger': langsam wachsend, feste kleine Blätter, frosthart
- 'Vit': große Pflanzen, mehltautolerant, frosthart
- 'Verte de Cambrai': kompakt, schnellwüchsig, frosthart

Die schönen Rosetten des Feldsalats lassen sich leicht ernten.

Feuerbohne

Käferbohne, Prunkbohne *Phaseolus coccineus*

Feuerbohnen sind bei uns schon wegen ihrer strahlenden Blüten und ihres relativ gesicherten und reichlichen Ernteerfolgs beliebt. Zudem haben sie ein großes Erntefenster; sollten Sie zur Haupterntezeit verreist sein, können die überschüssigen Bohnen sehr viel später als Trockenbohnen geerntet werden. Außerdem ergänzen die wunderschön anzusehenden Bohnensamen den Speiseplan auch im Herbst und Winter.

Was brauchen Feuerbohnen, damit sie gedeihen?

Bohnen lieben warme, windgeschützte, halbschattige bis sonnige Plätze (etwa 6 Std. Sonne/Tag) und einen lockeren, humosen, durchlässigen Boden bzw. ein entsprechendes Pflanzsubstrat. Sie kommen mit wenig Nährstoffen aus; in einem regelmäßig mit Kompost versorgten Gartenboden erübrigt sich eine zusätzliche Düngung. Für Pflanzgefäße eignet sich Einheitserde aus dem Gartenfachhandel. Temperaturen um 20 °C sind günstig für Wachstum und Fruchtbildung; eine mäßige, aber regelmäßige Wasserversorgung ebenso.

Tipps & Tricks rund um die Feuerbohne

(Feuer-)Bohnen (und andere Hülsenfrüchte) reichern Stickstoff aus dem Boden in ihren Wurzeln an und geben diesen wieder ins Erdreich ab, sobald sie welken bzw. absterben. Sie sind daher ideale Vorkulturen für starkzehrende Pflanzen und sind hinsichtlich der Nährstoffversorgung eher anspruchslos.

Anbau

IM BEET Bohnen können ab Mitte/Ende Mai bis Ende Juni 3–4 cm tief direkt ins Freie gesät werden; am besten ca. 5–6 Pflanzen um jeweils eine etwa 3 m hohe Stange herum; Abstand zur nächsten „Bohnengruppe“ ca. 40–50 cm. Oder „Bohnentipi“ mit mehreren Stangen gestalten! Pflanzen später an der Stängelbasis mit Erde anhäufeln, dann sind sie standfester. Gute Beetnachbarn sind Mais

Schon lange vor der Erntezeit eine Pracht: die Blüten der Feuerbohnen.

Sortenempfehlungen

FEUERBOHNEN:
- 'Lady Di', 'Preisgewinner': rote Blüte
- 'Weiße Riesen': weiße Blüte

ANDERE STANGENBOHNEN
(*Phaseolus vulgaris* var. *vulgaris*)
- 'Mombacher Speck': grünhülsig, sehr früh, sehr ertragreich
- 'Blaue Wachtel': grünhülsig, dunkelblaues, gesprenkeltes Korn
- 'Kaiser Friedrich': rosahülsig, bläuliches Korn
- 'Blauhilde': blauhülsig (wird beim Kochen grün), mittelspät
- 'Stortino Trento': gefleckte Schoten, hell-/dunkelbraun geflecktes Korn, sehr ertragreich

und Kürbis. Erst nach 3 Jahren wieder Bohnen (oder Erbsen) an dieselbe Stelle setzen.

IN PFLANZGEFÄSSEN Stangenbohnen ab Mai direkt in Pflanzgefäße aussäen; etwa 5–6 Samen in einen Topf von 40 cm Tiefe und Durchmesser. Gleich bei der Aussaat Rankhilfe in die Töpfe stecken, die auf Terrasse oder Balkon aufgestellt werden. Oder Ende Mai vorgezogene Jungpflanzen in Töpfe setzen. Gefäße mit Wasserabzugsloch verwenden! Bohnen eignen sich – bei Aussaat bis Ende Mai – auch gut als Nachkultur in Gefäßen, in denen vorher Radieschen oder ähnliche Schnellstarter gewachsen sind.

IM HINTERHOF Wer kein eigenes Gartenbeet zur Verfügung hat und wem das Befüllen der relativ großen Pflanzgefäße zu mühsam ist, kann Bohnen auch hervorragend im Hinterhof oder auf gepflasterten Flächen ziehen. Hierzu muss lediglich ein einzelner Pflasterstein für das Setzen der vorgezogenen Bohnenpflanzen entfernt und gegebenenfalls ein wenig Platz für etwas Pflanzerde geschaffen werden. Nun kann man die Bohnenpflänzchen setzen und eine Rankhilfe anbringen; ist schon ein Zaun in der Nähe der Pflanzstelle vorhanden, dient dieser als Rankhilfe. So kann so manch trister Hinterhof schon allein durch die leuchtenden Bohnenblüten bereichert werden.

Es darf geerntet werden!

Ernte 8–12 Wochen nach der Aussaat. Bohnen nur gekocht verwenden, roh sind sie in größeren Mengen giftig! Junge, zarte Schoten im Ganzen als Gemüse dünsten oder später Samen als Trockenbohnen ernten. Frische Bohnen lassen sich 2–4 Tage im Kühlschrank aufbewahren.

Kartoffel Erdapfel, Erdbirne, Grundbirne *Solanum tuberosum*

Die Kartoffel ist ein recht unempfindliches Gewächs, das vielerorts gut gedeiht. Ihre Kultur gelingt eigentlich immer, egal, ob im Beet, im Topf oder im Pflanzsack, und verursacht – zumindest bei Lagersorten – auch keinen „Verarbeitungs-Stress"! Unserer Ansicht nach lohnt sich insbesondere bei alten Sorten der eigene Anbau, da man diese nicht überall kaufen kann.

Tipps & Tricks rund um die Kartoffel

Im Hausgarten oder auf dem Balkon können wir besonders den Anbau von Frühsorten empfehlen. Sie sind durch das „Vorkeimen" robuster und bleiben aufgrund ihres zeitigen „Kulturfensters" sowohl von der gefürchteten Krautfäule (Pilzerkrankung) als auch dem „fiesen" Kartoffelkäfer weitgehend verschont.

Im Erdreich verbirgt sich eine reiche Kartoffelernte.

Was brauchen Kartoffeln, damit sie gedeihen?

Kartoffeln lieben lehmig sandige, humose, durchlässige, lockere und nährstoffreiche Böden sowie sonnige, warme Standorte. Staunässe mögen sie nicht, dann faulen die Knollen. Sie zählen zu den starkzehrenden Gemüsearten, weshalb ein mit Kompost oder Stallmist versorgter Boden (im Herbst vor dem Anbau) ideal ist. Kartoffeln wachsen erst, sobald sich der Boden auf eine Temperatur von 7 °C erwärmt hat, daher Saatkartoffeln nicht zu früh legen oder alternativ den Boden zur zeitigen Erwärmung mit schwarzer Folie abdecken.

Anbau

IM BEET Saatkartoffeln ab Mitte Februar zum „Vorkeimen“ in flache Kisten mit Erde legen, die Seite mit den meisten „Augen“ nach oben, hell und kühl (12–15 °C) stellen und feucht halten. Die Knollen bilden nach etwa 2 Wochen kurze und kräftige Triebe. Ist vor allem bei Frühsorten zu empfehlen! Angekeimte Saatkartoffeln von Frühsorten ab Ende März/Anfang April, von Spät-/Lagersorten bis Ende Mai mit den Keimen nach oben etwa 10 cm tief in vorbereitete Furchen auslegen; Reihenabstand 30 cm. Erde als Wall anhäufen, während des Wachstums regelmäßig nachhäufeln, zwischen den Wällen hacken, bei Trockenheit wässern. Frühkartoffeln eventuell mit Vlies vor Kälte schützen. Kein frischer organischer Dünger! Beete im Herbst vorher mit Kompost versorgen (ca. 3 l/m²). Nach Kartoffeln (und anderen Nachtschattengewächsen, wie z. B. Tomaten, Paprika) 4 Jahre Anbaupause einhalten.

IN PFLANZGEFÄSSEN Kartoffeln lassen sich ausgesprochen gut auch in Pflanzgefäßen anbauen. Das können große Töpfe, Kübel, textile Pflanztaschen oder Pflanzsäcke aus festem PVC-Gewebe sein (mindestens 10 l), die etwa zu ⅓ mit Erde gefüllt werden. Als Substrat eignet sich Gemüseerde aus dem Fachhandel oder eine Mischung aus Gartenerde, reifem Kompost und Sand (1:1:1). Ab März 3–4 angekeimte Saatkartoffeln hineinlegen (Keime nach oben), mit Erde bedecken, angießen. Bei Frostgefahr mit Gärtnervlies abdecken. Wenn die Pflanzen wachsen, immer wieder Erde auffüllen, das entspricht dem Anhäufeln im Beet. Ausreichend gießen.

Sortenempfehlungen

FRÜHSORTEN

- ‘Christa’: vorwiegend festkochend
- ‘Margit’: mehligkochend, gelbfleischig
- ‘Sieglinde’: festkochend, gelbschalig/-fleischig, alte Sorte
- ‘La Ratte’: festkochend, alte Sorte

SPÄT-/LAGERSORTEN

- ‘Cilena’: schnell wachsend, festkochend
- ‘Vitelotte’: festkochend
- „Trüffelkartoffel“: blaue Schale, blauweißes Fleisch
- ‘Nicola’: festkochend; ‘Linda’: festkochend
- ‘Bamberger Hörnchen’: festkochend, alte Sorte

Es darf geerntet werden!

Frühsorten sind erntereif, wenn sie blühen (ca. Juni); alle anderen Sorten, sobald die oberirdischen Pflanzenteile welken und braun werden (August bis Oktober). Dazu die Erde um die Pflanze herum vorsichtig mit einer Grabegabel anheben, um die Knollen möglichst nicht zu verletzen. Pflanzsäcke oder Töpfe zum Ernten einfach auskippen! Kartoffeln, die grün sind bzw. mit grünen Stellen an den Knollen nicht verzehren, diese sind giftig!

Knoblauch Knobi, Knofel *Allium sativum*

Knoblauch ist weder aus der mediterranen noch aus der gesunden Küche wegzudenken, braucht nicht unbedingt ein eigenes Beet, sondern gedeiht platzsparend zwischen anderem Gemüse, lässt sich gut lagern – alles Gründe, weshalb zumindest in unserem Garten immer irgendwo ein Vorrat des würzigen Zwiebelgewächses gedeiht. Außerdem ist er ein gesundheitsfördernder Beetpartner z. B. von Erdbeeren, Salat, Tomaten.

Was braucht Knoblauch, damit er gedeiht?

Knoblauch liebt warme, humose, lockere Böden, die nicht zu nass und schwer sein sollten, sowie einen sonnigen, warmen Standort. Für das flach wurzelnde Lauchgewächs darf der Boden zudem nicht zu stark austrocknen, Staunässe hingegen lässt die Knollen faulen. Knoblauch verträgt keine frische organische Düngung und am besten wird die Anbaufläche von Jahr zu Jahr gewechselt. Knoblauch soll nicht dort gepflanzt werden, wo im Vorjahr Schnittlauch, Zwiebeln oder Lauch gestanden haben, sonst bleibt er schwach und wächst nur kümmerlich.

Tipps & Tricks rund um den Knoblauch

Knoblauch, der im September und Oktober gesetzt wird (Winterknoblauch), ist bereits nach 1–2 Monaten erntereif und seine Knollen oft besonders groß. Im März/April gesteckter (Frühlings-)Knoblauch bringt bis zum Spätsommer/Herbst erntereife Knollen hervor.

Anbau

IM BEET Knoblauch kann auch ausgesät werden, doch üblicherweise werden einzelne Zehen oder kleine Brutzwiebeln gesteckt. Zehen im März/April oder September/Oktober mit der Spitze nach oben etwa 3–6 cm tief (10–15 cm Abstand) stecken; auf leichten Böden tiefer, auf schweren Böden nicht ganz so tief. Boden vorab mit Kompost versorgen (2 l/m²), ausreichend wässern, mulchen. Bei Herbstanbau Beet mit Laub/Reisig abdecken. Brutzwiebeln

Ausreichend getrocknet, sind Knoblauchknollen lange haltbar.

Sortenempfehlungen

- 'Arno': wüchsig, ertragreich, weiße Außenschale
- 'Rosa': ertragreich, intensiv rosafarbene Außenschale
- 'Vivalto': ertragreich, wüchsig, robust, zart rosafarbene Außenschale

WEITERE ARTEN

- Schnitt-Knoblauch (*Allium tuberosum*)
- Zimmerknoblauch (*Tulbaghia violacea*): nicht die Knollen, sondern das Blattgrün wird geerntet

(Bulbillen), die im Sommer an der Pflanzenspitze entstehen, können ebenfalls zum Anbau genutzt werden. Das dauert zwar länger, doch aus Bulbillen gezogener Knoblauch ist robuster und bildet größere Knollen. Brutzwiebeln im Juli/August abnehmen und ca. 2 cm tief (Abstand 10 cm) wieder einsetzen. Im ersten Jahr entwickeln sich daraus sogenannte Rundlinge, im zweiten Jahr erntefähige Knollen. Standorte der gesetzten Brutzwiebeln jeweils mit einem Stöckchen markieren, damit Sie sie beim Hacken oder andren Arbeiten nicht übersehen, sobald das Laub im Spätsommer einzieht.

IN PFLANZGEFÄSSEN Wer keinen Garten hat, kann Knoblauch auch in Töpfen oder sogar im Balkonkasten anbauen. Als Flachwurzler genügt dem Lauchgewächs ein etwa 10 cm tiefes Gefäß. Wichtig ist ein guter Wasserabzug. Die Behältnisse mit einer Mischung aus handelsüblicher Pflanzerde und Sand (3:1) füllen, im März/April oder September/Oktober einzelne Zehen 3–6 cm tief (Abstand 10–15 cm) stecken und angießen. Gefäße an einen warmen, sonnigen Platz stellen; bei im Herbst gestecktem Winterknoblauch am besten geschützt in Hausnähe platzieren.

Es darf geerntet werden!

Ab Ende Juni vergilben Laub und Stängel; ab Mitte Juli ist der Knoblauchs erntereif. Vorsichtig ausgraben, Knollen nicht verletzen und nicht auseinanderbrechen. Nach der Ernte einige Tage trocken und schattig aufhängen; gut getrocknet ist Knoblauch 6–8 Monate lang haltbar.

Knollenziest Chinesische Artischocke, Crosnes, Japanische Kartoffel *Stachys affinis*

Auf den wenig bekannten Knollenziest sind wir zufällig gestoßen. Früher war das Gemüse recht beliebt, geriet aber in Vergessenheit. Uns gefällt, dass die anspruchslose Staude absolut winterhart ist und einmal gepflanzt, ohne besondere Pflege Jahr für Jahr knackige Wurzelknöllchen (ca. 2 cm dick, 5–6 cm lang) liefert. Die sind wegen ihrer ungewöhnlichen Form bei Essensgästen immer für eine Überraschung gut.

Was braucht Knollenziest, damit er gedeiht?

Knollenziest wächst gut an einem sonnigen bis halbsonnigen Standort. Der Boden sollte locker, humos, nährstoffreich und ausreichend feucht sein. Da die Pflanze mehrjährig ist, wird sie am besten nicht zwischen andere Kulturen in ein Gemüsebeet integriert, sondern separat an einen Gartenplatz gesetzt, an dem sie die nächsten 3–4 Jahre stehen bleiben kann. Danach ist wegen nachlassender Wüchsigkeit ein Umpflanzen an einen anderen Platz ratsam.

Tipps & Tricks rund um den Knollenziest

Nach der Ernte im Boden verbleibende Knollen treiben im nächsten Jahr wieder aus. Wenn eine unkontrollierte Ausbreitung unerwünscht ist, alle Knollen im Herbst sorgfältig ausgraben; eventuell einzelne Knollen im Topf überwintern und im Frühjahr wieder gezielt auspflanzen.

Anbau

IM BEET Da Knollenziest nur selten oder nicht genügend Samen bildet, wird er am besten vegetativ mithilfe seiner Knollen vermehrt. Saatknöllchen des Knollenziests können ab Februar in Töpfen auf der Fensterbank angetrieben werden. Vorgetriebene oder frische (im Winter geerntete) Knöllchen im März/April etwa 6–10 cm tief in die Erde stecken; jeweils drei Stück pro Pflanzloch; Pflanzabstand ca. 30 cm. Boden vorab gut lockern und Kompost (2 l/m^2) flach einarbeiten. Sobald die Pflanzen etwa 10 cm hoch sind anhäufeln (ähnlich wie bei Kartoffeln), damit die Pflanze an der Stängelbasis zusätzliche Knollen bildet. Bei Trockenheit ausreichend gießen, denn bei

Ein ungewöhnliches und skurril anmutendes Gemüse – der Knollenziest.

Wassermangel bleiben die Knollen sehr klein. Das Wachstum der Knollen beginnt erst, wenn im Spätsommer die Temperaturen wieder sinken.

IN PFLANZGEFÄSSEN Auch ohne Garten kann Knollenziest in Pflanzgefäßen kultiviert werden. Diese dürfen allerdings nicht zu klein und zu flach sein (mindestens 25 cm Durchmesser), denn sonst fällt die Knollen-Ernte eher mager aus. Die Gefäße mit einer Mischung aus handelsüblicher Pflanzerde und Sand (4:1) füllen, im März jeweils drei Knöllchen pro Pflanzloch etwa 6–10 cm tief in die Erde stecken und angießen. Regelmäßig wässern, allerdings Staunässe vermeiden. Auch im Topf beginnt die Erntezeit beim Knollenziest, sobald das Laub abgestorben ist.

Es darf geerntet werden!

Von Oktober/November bis Februar (sofern der Boden nicht gefroren ist) ist Erntezeit. Sobald das Laub abgestorben ist, Knollen mit der Grabegabel ausgraben und von den Wurzeln abtrennen. Decken Sie verbleibende Pflanzen vor dem ersten Frost mit einer Mulchdecke aus Stroh oder Laub ab – so können Sie den Winter über laufend weiterernten. Die Knollen wegen ihrer sehr dünnen Haut ungeschält verwenden, eventuell Haut mit einem Küchentuch abreiben. Roh als Salat, Rohkost, gedünstet, gebraten. Knöllchen trocknen schnell aus, daher nicht lagern, sondern lieber nach Bedarf frisch ernten.

Kohlrabi Oberkohl, Oberrübe *Brassica oleracea var. gongylodes*

Die zahlreichen Vertreter der Kohlfamilie – so auch der Kohlrabi – sind echte Kinder Mitteleuropas, weshalb sie feuchtkühles, atlantisches Klima gut vertragen und sich in unseren Breiten recht unkompliziert anbauen lassen. Uns überzeugen seine kurze Kulturdauer und seine nur mäßigen Ansprüche an Boden und Nährstoffversorgung. Eine gleichmäßige Wasserversorgung ist wichtig, damit die Knollen nicht platzen.

Was braucht Kohlrabi, damit er gedeiht?

Kohlrabi wächst gut in einem nährstoffreichen, humosen Boden und an einem sonnigen bis halbschattigen Gartenplatz (3–4 Std./Tag). Auch in Pflanzgefäßen, z. B. breiten Holzkisten lässt er sich gut kultivieren. Generell nicht zu tief setzen, damit die Knollen später nicht auf der Erde aufliegen. Die Nachbarschaft zu anderen Kohlgewächsen auf dem Beet sollte auf jeden Fall vermieden und auch eine etwa drei- bis vierjährige Anbaupause auf demselben Beet eingehalten werden – die Kohlgewächse sind sich untereinander nämlich gar nicht grün!

Tipps & Tricks rund um den Kohlrabi

Kohlrabi kann gut zwischen langsamer wachsende Gemüsearten gesetzt werden, die später mehr Platz brauchen – dann wird der Kohlrabi bereits geerntet! Je schneller die Knollen wachsen, umso zarter werden sie. Blaue Sorten brauchen zum Ausreifen etwas länger als weiße, bleiben dafür aber meist länger zart.

Anbau

IM BEET Vorkultur ab Februar bei ca. 18 °C; Saattiefe 1 cm. Jungpflanzenanzucht nicht kälter als 10 °C, sonst bilden sich später keine Knollen! Ab Mitte April bis Anfang August (in kühlen Phasen) kann direkt ins Beet gesät oder vorgezogenen Jungpflanzen gesetzt werden. Pflanzabstand 30 cm; großknollige Herbstsorten 40 cm. Beete am besten schon im Herbst zuvor mit reifem Kompost versorgen (2 l/m^2); bei ungenügendem Wachstum kann 4–5 Wochen nach der Pflanzung noch ein handelsüblicher Volldünger (40–50 mg/m²) gegeben werden. Zum Schutz beispielsweise vor Kohlweißlingen, Blattflöhen oder Kohlfliegen dünnmaschige Gemüseschutznetze über Beete und Pflanzen breiten, an den Rändern beschweren.

IN PFLANZGEFÄSSEN Ab April in tiefe Pflanzgefäße (Mindesttiefe 10–15 cm) mit lockerer, humusreicher Erde säen oder vorgezogene Jungpflanzen ab März setzen. Pflanzabstand 20–25 cm. Auf gleichmäßige Wasserversorgung achten!

Sortenempfehlungen

- 'Azur Star': schossfeste, blaue Frühsorte
- 'Blaro', 'Lanro': schnell wachsende weiße Frühsorten
- 'Delicatess': mittelfrühe, weiße/blaue Sommer-/Herbstsorte
- 'Blauer Speck': blaue Sommer-/Herbstsorte
- 'Superschmelz': langsam wachsender, butterzarter "Riesenkohlrabi" für die Herbsternte, lagerfähig
- 'Gigant': langsam wachsende Sommer-/Herbstsorte, sehr groß, nicht zu spät ernten, sonst holzig, lange lagerfähig

Ideal ist ein Anbau von März bis Mai; dann hält sich die Bewässerung wegen noch nicht so hoher Temperaturen in Grenzen und es sind noch wenig „Lästlinge" unterwegs. Anbau im Sommer gelingt besser an einem sonnenabgewandten Standort.

Es darf geerntet werden!

Je nach Sorte und Jahreszeit ist Kohlrabi innerhalb von 2–3 Monaten nach der Aussaat und bei einem Durchmesser von etwa 10 cm erntereif. Von Mai bis Oktober kann Kohlrabi geerntet werden, wenn Sie ihn in mehreren Sätzen angebaut haben. Lassen Sie die Knollen nicht zu groß werden (Ausnahme: Sorte 'Superschmelz'); Frühjahrssorten sind besonders knackig, wenn sie etwa 2 Wochen vor der Zeit geerntet werden. Auch die jungen Blätter sind essbar und besonders vitaminreich! Kohlrabi lassen sich einfrieren, lagern (Lagersorten) und sind im Kühlschrank 1–2 Wochen haltbar.

Groß und dennoch zart – die Kohlrabisorte 'Superschmelz'.

Mairübe Navette

Brassica rapa subsp. *rapa* var. *majalis*

Die kleine, runde, weißfleischige Mairübe ist sozusagen die kleine zarte „Schwester" der großen robusten Speiserübe. Sie schmeckt wie eine Mischung aus milden Radieschen und Kohlrabi. Ihr Name ist Programm: Obwohl es auch Sorten für den Herbstanbau gibt, schätzen auch wir die zarten Rübchen im Frühlingsmonat Mai am meisten, wenn der Appetit auf frisches Gemüse besonders groß ist.

Die kleinen Mairüben sind ideal für frische, bunte Frühlingssalate.

Tipps & Tricks rund um die Mairübe

Wie viele andere Rüben zählen auch Mairüben zu den sogenannten „Hackfrüchten", d. h. sie profitieren davon, wenn die obere Bodenkrume regelmäßig gelockert wird. Unkraut jäten zwischen den Rübchen und vorsichtiges Hacken können wir daher wärmstens empfehlen, dann verkrustet der Boden nicht und die Rübchen werden schön zart und nicht holzig.

Was brauchen Mairüben, damit sie gedeihen?

Die anspruchslose Mairübe, ein typischer Schwachzehrer, gedeiht am besten in einem humosen, leicht feuchten, nährstoffreichen, lehmig sandigen Boden an einem sonnigen oder halbschattigen Standort. Schlecht oder gar nicht wächst sie in sauren und staunassen Böden. Mairübchen gedeihen gut, wenn Sie den Boden immer schön locker und feinkrümelig halten. Zur Vorbereitung können Sie reifen Kompost flach ins Beet einarbeiten.

Anbau

IM BEET Im Februar/März können Sie Mairüben am warmen Fensterbrett vorziehen (15 °C); sobald sie drei bis vier Blätter haben, ins Freie setzen (Abstand 10 cm). Oder im April/Mai gleich ins Beet säen (etwa 1–2 cm tief). Für die Herbsternte kann später, im August/September ein zweites Mal gesät werden, wobei wir einen Anbau während der heißen Sommermonate nicht empfehlen, da die Rübchen bei großer Hitze sehr streng schmecken. Am besten in Reihen mit einem Abstand von 20 cm säen. Zu dichte Jungpflanzenbestände ausdünnen. Bei Problemen mit Erdflöhen oder Kohlfliege, Gemüseschutznetze verwenden. Mindestens 4 Jahre Anbaupause einhalten.

IM GEWÄCHSHAUS Wer ein Gewächshaus besitzt, kann dieses schon zeitig im Jahr nutzen, um dort ab Februar/März Mairübchen auszusäen oder auch um Jungpflanzen vorzuziehen, die später dann ins Freie gesetzt werden. Später im Jahr können wir eine Gewächshauskultur von Mairübchen nicht wirklich empfehlen; meist wird es den Rüben dann zu warm bzw. wir nutzen dann den Platz im Gewächshaus lieber für andere Kulturen.

IN PFLANZGEFÄSSEN Mairüben lassen sich auch gut im Balkonkasten oder ähnlichen Pflanzgefäßen anbauen. Aussaat ab März/April in möglichst torffreie Anzuchterde; geschützt aufstellen; Keimlinge bei eventueller Frostgefahr mit Gärtnervlies abdecken. Der Abstand der einzelnen Rübchen zueinander sollte später etwa 10 cm betragen, daher zu dicht stehende Jungpflanzen ausdünnen. Später im Jahr Pflanzgefäße nicht in der prallen Sonne aufstellen.

Es darf geerntet werden!

Ernte 6–8 Wochen nach der Aussaat; ab Mai, bei etwa 4–5 cm Durchmesser. Mairübchen sind nicht lange lagerfähig, daher bald nach der Ernte verzehren. Entweder als Rohkost, im Salat, als Gemüse dünsten oder püriert für Suppen; auch junge Blätter sind essbar (wie Spinat).

Sortenempfehlungen

- 'Schneeball': alte Sorte, Rüben weiß, süß, saftig
- 'Royal Crown': Rüben rund, hellviolett
- 'Market Express': Rüben rund, weiß
- 'Primera': Rüben plattrund, unten weiß, oben rot, auch für den Spätsommeranbau
- 'Jaune Boule d'Or': Rüben rund, gelb, auch für den Spätsommeranbau
- 'Goldball': alte Sorte, Rüben gelb, rund, aromatisch, für den Spätsommeranbau

Mangold Krautstiel

Beta vulgaris subsp. *vulgaris*

Mangold ist häufig ein sehr dekoratives Gemüse, insbesondere, wenn es sich um intensiv rot- oder gelbstielige Sorten handelt. Man unterscheidet zwei Sortengruppen: Stiel- oder Rippenmangold, dessen Blätter und dicke Blattstiele bzw. Blattmittelrippen gegessen werden und Schnitt- oder Blattmangold mit dünnen Blattstielen; hier werden nur die Blätter geerntet.

Was braucht Mangold, damit er gedeiht?

Mangold bevorzugt, tiefgründigen, humosen, nährstoffreichen Boden und einen sonnigen (3–4 Std./Tag) oder auch halbschattigen Gartenplatz. Da die Pflanze viel Blattmasse bildet, sollte das Erdreich nie ganz austrocknen. Eine einfache und wirkungsvolle Methode, um eine möglichst gleichmäßige Bodenfeuchte zu erreichen, ist z. B. die Ausbringung einer Mulchschicht. Dann bleiben die Blattstiele des Mangolds auch besonders zart!

Tipps & Tricks rund um den Mangold

Gelbe Mangoldsorten sind am frostempfindlichsten; rote Sorten hingegen sind mäßig winterhart. Am besten kommen weißstielige Mangoldsorten mit tiefen Temperaturen und Frost klar. Bekommt Ihr Mangold Mehltau, liegt das womöglich am zu geringen Abstand zwischen den Pflanzen.

Anbau

IM BEET Von April bis Ende Juni in Reihen etwa 2–3 cm tief (Reihenabstand Blattmangold 30 cm, Rippenmangold 40 cm) aussäen, nach dem Aufgehen auf 20 cm vereinzeln, spätere Aussaaten (von Juni bis Ende August) können in milden Gegenden überwintern, Pflanzen in diesem Fall im Spätherbst mit Vlies oder Reisig abdecken. Vor der Pflanzung Boden lockern und mit Kompost versorgen (2 l/m²), nicht zu viel Stickstoff düngen. Auf eine gleichmäßige Wasserversorgung achten; z. B. auch durch eine Mulchschicht auf dem Beet. Mindestens 3 Jahre Anbaupause einhalten (auch Spinat,

Mangold schmeckt nicht nur, sondern ist auch ein Blickfang im Beet.

Sortenempfehlungen

STIELMANGOLD

- 'Bright Lights': breite Stiele in Regenbogenfarben
- 'Vulkan': dunkelgrünes Blatt, breite rote Stiele
- 'Feurio': dunkelgrünes Blatt, rote Stiele, für Herbsternte

BLATTMANGOLD

- 'Breitblättriger Großer Grüner': breite dunkelgrüne Blätter, schmale helle Stiele
- 'Silber': dunkelgrün, weiße Stiele
- 'Charlie': grün, rote Blattadern und Stiele, für Herbsternte

Rote Bete). Insbesondere die dekorativen Sorten des Rippenmangolds können als attraktive „Hingucker" auch außerhalb des Gemüsegartens, z. B. in Staudenbeeten oder Rabatten gepflanzt werden.

IM GEWÄCHSHAUS Mangold ist keine typische Kultur fürs Gewächshaus, doch wer ein Gewächshaus hat, kann sich dieses im Spätherbst folgendermaßen zu Nutze machen: Mangoldpflanzen vom Beet dorthin verpflanzen, um so die Erntesaison bis weit in den Winter hinein zu verlängern bzw. auch bei Schnee bequem ernten zu können.

IN PFLANZGEFÄSSEN Mangold lässt sich gut auch in Töpfen anbauen. Wollen Sie nur zarte, kleinere Blätter ernten, sind alle Arten von Pflanzgefäßen mit einer Mindesthöhe von 10 cm geeignet; für große Blätter und für Stielmangold sollten die Gefäße allerdings einen Mindestdurchmesser von 25 cm haben. Mangold etwa 2–3 cm tief einzeln in Töpfe oder zu mehreren in Kästen oder Ähnliches aussäen; gegebenenfalls nach dem Aufgehen auf 20 cm vereinzeln. Sobald die Jungpflanzen wachsen, etwa nach 6 Wochen mit einer Gabe Flüssigdünger versorgen; immer gleichmäßig feucht halten, jedoch Staunässe vermeiden.

Es darf geerntet werden!

Von Juli bis Oktober, sobald die Blätter voll ausgebildet sind, ist Erntezeit. Stiele vom Rippenmangold von außen nach innen abschneiden oder abbrechen; bleibt das Pflanzenherz unverletzt, kann mehrmals geerntet werden. In diesem Fall die Pflanzen zum „Weiterwachsen" unbedingt gut wässern. Blattmangold wird wie Spinat geerntet und verwendet.

Möhre Karotte, Mohrrübe *Daucus carota* subsp. *sativus*

Die Vorfahren unserer orangefarbenen Möhren findet man häufig auf mageren Wiesen und an Wegrändern. Ihre Wurzeln sind weißlich und kaum süß – aber durchaus essbar. Aus ihnen entstand durch Züchtung unsere Gartenkarotte mit hohem Zucker- und Vitamingehalt. Obwohl der Anbau von Möhren nicht frei von Aufwand ist, lieben wir insbesondere die Frühsorten, die süß, zart und knackig zum sofortigen Naschen einladen.

Was brauchen Möhren, damit sie gedeihen?

Möhren lieben lehmig sandige, lockere, humose, steinfreie Böden mit Sonne oder Halbschatten (mindestens 3 Std. Sonne/Tag). Auf schwerem, lehmigem oder sehr grobem Boden wachsen sie schlecht, werden krumm und unansehnlich. In diesem Fall ist eine Bodenverbesserung mit leichtem, feinen Material ratsam. Als Düngung genügt eine Kompostgabe vorab (2–3 l/m²); keinesfalls mit frischem Mist düngen! Anbaupause von 3–5 Jahren einhalten.

Tipps & Tricks rund um die Möhre

Um schöne gerade Rüben zu bilden, brauchen Möhren ausreichend Standraum, d. h. zu dichte Möhrenreihen müssen ausgedünnt werden. Machen Sie das abends, um keine Möhrenfliegen anzulocken, die tagsüber auf den Geruch der verletzten Pflanzen reagieren. Möhrenernte nachmittags nach mehreren sonnigen Tagen, dann ist ihr Nitratgehalt niedriger.

Anbau

IM BEET Frühsorten ab März, Lagersorten von Mitte Mai bis Juli in Reihen aussäen, ca. 30 cm Abstand, 1–2 cm tief. Boden vorab tiefgründig lockern. Möhren keimen ab 10 °C. Möglichst gleichmäßig säen, damit sich später große und gerade Rüben bilden. Das erreichen Sie entweder durch die Verwendung von Saatbändern, die Ihnen das auch spätere Verziehen ersparen. Oder Sie mischen das Saatgut vor dem Aussäen mit trockenem Quarzsand. Verwenden Sie Radieschen als „Markiersaat“ um die Saatreihen kenntlich zu machen, da Möhren oft nur sehr langsam keimen (3–4 Wochen). Einweichen der Samen in handwarmes Wasser für 24 Std. vor der

Aussaat bringt ein besseres Keimergebnis. Sämlinge vor Schnecken schützen und bei Spätfrostgefahr mit Gärtnervlies abdecken. Wurden keine Saatbänder verwendet, nach dem Aufgehen zu dicht stehende Pflänzchen von Hand ausdünnen („verziehen"). Regelmäßig den Boden zwischen den Reihen lockern: Vorsichtig hacken, Unkraut jäten oder Mulchen. Für gleichbleibende Bodenfeuchte sorgen, damit die Rüben nicht platzen. Zum Schutz vor Möhrenfliegen dünnmaschige Gemüseschutznetze über Beete und Pflanzen breiten, windigen Standort wählen oder Möhren in Mischkultur mit Zwiebeln anbauen.

IN PFLANZGEFÄSSEN Sorten mit kurzen oder kleinen Rüben eigenen sich gut für eine Anzucht in Gefäßen; erste Aussaaten ab Februar/ März. Bei ungünstigen Bodenbedingungen im Beet hat eine Kultur in Kästen (oder auch im Hochbeet!) den großen Vorteil, dass man gezielt ein geeignetes Substrat (locker, leicht sandig, nährstoffreich) verwenden kann. Alles Weitere wie bei Aussaat im Beet.

Es darf geerntet werden!

Frühsorten sind ab Mai erntereif: Sie werden meist nicht so groß, sind aber süß und zart, können als Rohkost verzehrt oder gedünstet werden, halten sich 3–4 Wochen im Kühlschrank. Lagersorten nicht vor Ende Oktober/Anfang November ernten, nicht waschen, Blätter abdrehen, Möhren in Kisten oder Eimern mit feuchtem Sand im kühlen (5 °C), luftfeuchten (95 %) Keller 3–4 Monate lagerfähig.

Sortenempfehlungen

FRÜHSORTEN

- 'Parmex': kleine, runde Rüben
- 'Purple Dragon': rötlich violette Rüben
- 'Pariser Markt': kleine, runde, süße Rüben
- 'Rondo': rundliche, süße Rüben
- 'Flyaway': kleine, längliche Rüben, werden nicht von Möhrenfliegen befallen

SPÄT-/LAGERSORTEN

- 'Rodelika': große, orangerote Rüben
- 'Purple Haze': rotviolette Rüben mit orangefarbene Inneren
- 'Oxheart': langsam wachsend, kurze, stumpfe, dicke Rüben

Knackige Möhren frisch aus dem eigenen Beet: lecker!

Pflücksalat Blattbatavia, Schnittsalat *Lactuca sativa var. crispa*

Anders als Kopfsalat & Co. bildet Pflücksalat keinen geschlossenen Kopf, sondern lockere Rosetten mit hellgrünen, rotbraunen, glattrandigen oder gekrausten Blättern. Uns begeistert, dass man laufend einzelne Blätter ernten kann und nicht erst warten muss, bis große Köpfe entstehen. Denn davon hat man dann oft zu viele auf einmal – während Pflücksalate stetig wachsen und stressfrei geerntet werden können.

Die bunten Pflücksalate bringen Farbe ins Beet und auf den Teller.

Tipps & Tricks rund um den Pflücksalat

Die zarten Blätter des Pflücksalats, die so gut schmecken, sind andererseits auch etwas empfindlich: Pflücksalat in Töpfen auf einem heißen Balkon vor zu starker Sonneneinstrahlung mit Schattiermatte oder Ähnlichem schützen. Im zeitigen Frühjahr und Spätherbst zum Schutz vor nächtlicher Kälte mit Gärtnervlies abdecken.

Was braucht Pflücksalat, damit er gedeiht?

Pflücksalat wächst gut an sonnigen bis halbschattigen Standorten mit lockerem, humus- und nährstoffreichem Boden. Er gibt einen optimalen „Lückenfüller" zwischen Möhren, Bohnen und Kohlrabi ab, da er heranwächst, solange die anderen Kulturen noch wenig Platz beanspruchen; werden sie größer, ist der Pflücksalat geerntet. Als Mittel-/Schwachzehrer gedeiht er auch gut als Folgekultur nach nährstoffbedürftigen Arten. Anbaupause von 2–3 Jahren einhalten.

Anbau

IM BEET Pflücksalat ab Ende Februar am Fensterbrett vorziehen; dazu je 2 Samenkörner ca. 0,5 cm tief in kleine Töpfe säen, nicht mit Erde bedecken (Lichtkeimer) und etwa 2 Wochen nach dem Aufgehen pikieren (vereinzeln); ab Mitte Mai auspflanzen; Reihenabstand 25 cm; nicht zu tief setzen; bei Kälte mit Vlies abdecken. Boden vorab lockern und mit Kompost versorgen (2 l/m^2). Ab April ist auch Aussaat direkt ins Beet möglich; Reihenabstand 25 cm. Günstig ist eine Temperatur um etwa 15 °C. Nach dem Auflaufen vereinzeln; vor Schnecken schützen. Regelmäßig gießen; vor allem sobald die Pflanzen aus der Erde schauen und während sommerlicher Trockenzeiten. Mulchen!

IM GEWÄCHSHAUS Wer gegen Ende Februar Jungpflänzchen zu kaufen findet, kann diese mit einem Abstand von 25 × 25 cm ins Gewächshaus pflanzen. Bei niedrigen Temperaturen mit Gärtnervlies abdecken, nur an sonnigen Tagen gießen, ausreichend lüften. Sobald die Außentemperaturen einen Anbau im Freien gestatten, ist dieser vorzuziehen, denn alle Arten von Salaten reichern bei wenig Licht im Gewächshaus gesundheitsschädliches Nitrat in ihren Blättern an.

IN PFLANZGEFÄSSEN Pflücksalat lässt sich gut in Töpfen oder im Balkonkasten anbauen. Dazu entweder vorgezogene Pflanzen ab Mai in Gefäße setzen oder ab April direkt in Töpfe etc. aussäen (Lichtkeimer – nicht abdecken!). Bis zur Keimung (in 2–3 Wochen) gleichmäßig feucht halten. Etwa 2 Wochen nach dem Auflaufen müssen zu dicht stehende Pflänzchen vereinzelt werden, damit sie schöne Blattrosetten bilden.

Es darf geerntet werden!

Pflücksalat kann bis zu 6 Wochen von innen nach außen beerntet werden, sobald die Pflanzen etwa 15–20 cm hoch sind. Entscheidend für ein möglichst langes Weiterwachsen der Pflanze ist, dass das Pflanzenherz stehen bleibt bzw. beim Pflücken nicht verletzt wird. Sobald der Pflücksalat Blüten ansetzt, die ganze Pflanze ernten, denn dann werden die Blätter bitter.

Sortenempfehlungen

- 'Lollo rossa' ('Lollo rosso'): rotes Blatt, wüchsig, braucht ausreichend Platz im Beet
- 'Lollo bionda': hellgrünes, gekraustes Blatt
- 'Amerikanischer Brauner': rotbraunes Blatt
- 'Grand Rapids': grünes, gekraustes Blatt, sehr ertragreich, Ernte bis September
- 'Australischer Gelber': gelbgrünes, gekraustes Blatt
- 'Red Salad Bowl': roter Eichblattsalat, der gerne als Pflücksalat gezogen wird (kann aber auch als Kopf geerntet werden)

Radieschen Radies

Raphanus sativus var. sativus

„Radieschen" leitet sich vom lateinischen „radix" ab und bedeutet „Wurzel". Sie sind DAS Gemüse für Garteneinsteiger und Ungeduldige, für Menschen ohne Garten, für einen Anbau in Töpfen und Kisten, als unkomplizierter „Lückenfüller" zwischen anderem Gemüse. Wir schätzen die Kultur von Radieschen: Heute gesät und – im günstigsten Fall – in 4 Wochen geerntet und verspeist!

Was brauchen Radieschen, damit sie gedeihen?

Radieschen wachsen gut in einem lockeren, humosen Boden bzw. einem entsprechenden Pflanzsubstrat und an einem sonnigen bis halbschattigen Gartenplatz. Als typische Schwachzehrer mit einer nur kurzen Kulturdauer benötigen sie keine extra Düngung; wurde der Boden vorab mit Kompost versorgt bzw. sind von der Vorkultur noch Rest-Nährstoffe vorhanden, so ist das für die schnellwüchsigen Knollen völlig ausreichend. Auf keinen Fall frischen organischen Dünger wie z. B. Mist oder unverrotteten Kompost verwenden, da sonst ein Befall mit tierischen „Lästlingen", etwa von Kohlfliegen, begünstigt wird! Wichtig: Eine Anbaupause von mindestens 3 Jahren einhalten, bevor Radieschen oder andere Kreuzblütler wieder am selben Platz angebaut werden.

Tipps & Tricks rund um Radieschen

Radieschen sind sogenannte „Kurztagpflanzen": Sie gedeihen am besten, wenn die Tage kurz sind, d. h. im Frühjahr oder Herbst. Im Sommer schießen sie meist schnell ins Kraut, bilden oft nur kleine und harte Knollen. Wer dennoch auch im Sommer nicht auf knackige Radieschen verzichten möchte, sollte unbedingt geeignete Sorten wählen!

Anbau

IM BEET Radieschen von März bis August direkt ins Freie etwa 0,5–1 cm tief säen; am besten in Reihen mit ca. 10 cm Abstand. Temperaturen von 10–15 °C sind für eine zuverlässige Keimung

Radieschenknollen brauchen kaum Nährstoffe und wachsen dennoch zügig.

Sortenempfehlungen

FRÜHSORTEN UNTER GLAS
- 'French Breakfast': länglich, rotweiß, mildes Aroma
- 'Fanal', 'Saxa': rund, rot

FRÜHSORTEN IM FREIEN
- 'Knacker': rund, rot, sehr schnell wachsend

SPÄTSORTEN
- 'Cherry Belle': rund, rot, mildwürzig, schnell wachsend
- 'Riesenbutter': rund, rot, mildwürzig, zart

SORTEN FÜR NAHEZU GANZJÄHRIGEN ANBAU
- 'Eiszapfen': weiß, länglich
- 'Raxe': groß, rund, rot

günstig. Zu dicht stehende Pflanzen nach dem Aufgehen vereinzeln, damit sich schöne Knollen bilden. Während des Wachstums regelmäßig wässern – das wirkt auch einem Befall mit Erdflöhen entgegen, die bei trockenem Boden erscheinen und kleine runde Löcher in die Radieschenblätter fressen. Ab Mitte Mai zum Schutz vor Kohlfliegen Pflanzen und Beete mit dünnmaschigen Gemüseschutznetzen abdecken und Netze an den Rändern mit Erde oder Steinen beschweren.

IM GEWÄCHSHAUS Mit Frühsorten von Radieschen, die mit niedrigen Temperaturen und wenig Licht auskommen, kann man schon ab Anfang/Mitte Februar starten, wenn Gewächshaus, Frühbeet oder Folientunnel zur Verfügung stehen. Allerdings lohnt der Anbau unter Glas/Folie nur im zeitigen Frühjahr; später wird es im Gewächshaus zu warm, die Radieschen schießen, werden holzig.

IN PFLANZGEFÄSSEN Radieschen sind nahezu ideal für einen Anbau in Kisten, Töpfen oder Balkonkästen. Als Pflanzsubstrat eignet sich Einheitserde aus dem Fachhandel oder eine Mischung aus Gartenerde, verrottetem Kompost und Sand (1:1:1). Aussaat erfolgt wie im Beet; gleichmäßig feucht halten und die Erde nie völlig austrocknen lassen.

Es darf geerntet werden!

Im Frühjahr/Herbst können Radieschen nach etwa 8 Wochen geerntet werden; im Sommer bereits 3–4 Wochen nach der Aussaat. Zu spät geerntete Radieschen werden pelzig: Frühsorten etwa innerhalb von 10 Tagen, Sommersorten etwa innerhalb von 4 Tagen, nachdem sie reif sind, ernten.

Rucola Gartenrauke, Rauke, Salatrauke, Senfrauke *Eruca sativa*

Rucola wächst schnell und unkompliziert, liefert früh bzw. spät im Jahr gesunde Würze und von einer Einzelpflanze kann mehrmals geerntet werden, weshalb wir die kleine Salatpflanze für eine absolut empfehlenswerte Kultur halten. Wir lieben ihr senfartig scharfes Aroma, welches frisch in Salaten und Dressings oder kurz erhitzt in Soßen oder auf einer Pizza bestens zur Geltung kommt.

Was braucht Rucola, damit er gedeiht?

Rucola gedeiht gut an einem sonnigen Standort und auf einem humosen, durchlässigen, warmen und ausreichend feuchten Boden. Bei Nährstoffüberangebot und wenig Licht (tages-/jahreszeitabhängig) kann sich gesundheitsschädliches Nitrat in den Blättern des Rucola anreichern. Sorgen Sie daher für gleichmäßige Bodenfeuchte und ernten Rucola am besten nachmittags.

Anbau

IM BEET Ab Ende Januar Vorkultur auf der Fensterbank bei 10–16 °C. Nach ca. 5–15 Tagen erste kleine Pflänzchen, die ab März ins Freie oder ins Gewächshaus versetzt werden können. Von April (ab ca. 15 °C) bis September in Reihen (Abstand 15–20 cm) und ca. 0,5–1 cm tief direkt ins Beet säen, Boden vorab tiefgründig lockern, (bei Aussaat im Frühjahr 1 l/m² Kompost einarbeiten), angießen. Eventuell mit Gärtnervlies für Bodenwärme sorgen. Gleichmäßig feucht halten, sonst werden die Blätter sehr scharf. Boden hacken und unkrautfrei halten; bei sehr dichter Aussaat Jungpflanzen auf 1–2 cm vereinzeln. Folgesaaten ca. alle 2 Wochen, nach 2–3 Jahren Standort wechseln, Blütenansätze regelmäßig entfernen.

Tipps & Tricks rund um den Rucola

Neben der einjährigen Gartenrauke gibt es auch die mehrjährige Wilde Rauke, die manchmal auch als „Stauden-Rucola“ bezeichnet wird. Auch sie braucht einen sonnigen Standort und lockere, durchlässige, ausreichend feuchte Erde. Ihre Blätter sind ebenfalls essbar (vor der Blüte, sonst sehr bitter).

IM GEWÄCHSHAUS Im März ca. 0,5–1 cm tief ins Gewächshaus oder Frühbeet säen – je nach Temperatur kann Rucola dann schon nach 4 Wochen geerntet werden. Während der Sommermonate lieber auf dem Beet anbauen, da die Pflanzen dort mehr Licht bekommen, was eine mögliche Nitratanreicherung in den Blättern minimiert.

IN PFLANZGEFÄSSEN Vorgezogene Pflanzen ab März in Töpfe oder Balkonkästen (Tiefe mindestens 15 cm) setzen oder von April bis September Aussaat direkt in Pflanzgefäße (Saattiefe 0,5–1 cm) mit Anzuchterde aus dem Fachhandel oder einem Gemisch aus gesiebtem Kompost, Gartenerde und Sand (1:1:1). Sonnigen Standort wählen und gleichmäßig feucht halten, Erde regelmäßig auflockern (hilft gegen Erdflohbefall, der löchrige Blätter verursacht). Lässt man einzelne Pflanzen zur Blüte kommen, kann man von diesen problemlos Samen für das nächste Jahr ernten. Werden die Pflanzgefäße frühzeitig im Herbst ins Haus geholt, ist auf der Fensterbank sogar eine ganzjährige Ernte möglich.

Es darf geerntet werden!

Etwa 4–6 Wochen nach der Aussaat von März bis Oktober laufend junge Blätter ernten. Lassen Sie die Herzblätter stehen, dann wachsen noch zwei- bis dreimal neue Blätter nach. Vor der Blüte ernten; schmeckt sonst sehr bitter. Frische, junge Blätter als Salat-/Suppen-/Saucenwürze.

Sortenempfehlungen

- 'Ruca': schnell wachsend, nussiger Geschmack
- 'Skyrocket': schossfest, würzig

VERWANDTE ART

- Wilde Rauke (*Diplotaxis tenuifolia* Syn. *Rucola selvatica*): besonders aromaintensiv, Blätter stärker geschlitzt, ganzjährig zu ernten, da mehrjährig
- Würzrauke 'Runway': mildwürzige Kreuzung aus Salat- und Wildrauke

Schnellwüchsiger Rucola: Eine empfehlenswerte Kultur im Herbst und Winter.

Spinat Gartenspinat, Gemüsespinat *Spinacia oleracea*

Das schnell wachsende Blattgemüse überzeugt uns immer wieder damit, dass es selbst bei feuchtkühler Witterung eine reiche Ernte hervorbringt. Insbesondere der Winterspinat hält an einem windgeschützten Gartenplatz sogar Temperaturen bis –12 °C aus! Außerdem ist, wenn der Spinat geerntet und seine Wurzeln im Boden gelassen wurden, dieser wunderbar locker und die Folgekulturen wachsen hervorragend.

Was braucht Spinat, damit er gedeiht?

Spinat liebt humose, durchlässige, tiefgründige Böden, da er tief (etwa 30 cm) wurzelt. Das weiche Laub gibt durch Verdunstung viel Feuchtigkeit ab, daher Boden stets ausreichend feucht halten. Spinat gedeiht in der Sonne (3–4 Std./Tag) und auch im Halbschatten. Bei Nährstoffüberangebot und wenig Licht (tages-/jahreszeitabhängig) kann sich gesundheitsschädliches Nitrat in den Blättern anreichern. Um das zu verhindern, sorgen Sie für gleichmäßige Bodenfeuchte und ernten Spinat am besten nachmittags.

Tipps & Tricks rund um den Spinat

Als Langtagpflanze beginnt Spinat bei viel Licht und Hitze schnell zu schossen bzw. zu blühen und schmeckt herb. Daher Spinat am besten unter „Kurztagbedingungen“ kultivieren, d. h. in den Frühjahrs- und Herbstmonaten anbauen. Soll es auch im Sommer Spinat geben, schossfeste Sorten wählen.

Anbau

IM BEET Frühsorten von März bis Mai im Freien ca. 3–4 cm tief in Reihen mit 20 cm Abstand säen. Bei 12 °C keimen die Samen nach etwa 1–1,5 Wochen. Vorab Boden gut lockern und 2–3 l/m² reifen Kompost flach einarbeiten; Schwachzehrer: nicht mit Stickstoff überdüngen! Frühe Saaten zum Schutz vor Kälte mit Gärtnervlies abdecken. Bei Bedarf vor Schnecken schützen. Herbstsorten Mitte/Ende August säen; Wintersorten von September bis Oktober. Gleichmäßig feucht halten, regelmäßig hacken. Winterspinat mit Reisig oder Vlies abdecken. 3–4 Jahre Anbaupause.

IM GEWÄCHSHAUS Im Gewächshaus kann Spinat im Frühjahr vorgezogen werden, dann ist er schon 2–3 Wochen eher erntereif. Aussaat (siehe Beet) etwa Mitte Februar, Pflänzchen dann nach 2–3 Wochen ins Freie setzen. Auch Wintersorten gedeihen gut im Gewächshaus. Unser Tipp: Anfang September Spinat in Saatschalen im Freien säen, solange Tomate & Co. noch das Gewächshaus belegen. 3–4 Wochen später, wenn das Gewächshaus leer ist, Spinatpflänzchen hineinsetzen; bei Frost Vlies auflegen. Spinat im Gewächshaus kann gelegentlich von Falschem Mehltau befallen werden. Frühzeitiges und ausreichendes Lüften schafft Abhilfe; außerdem: Nicht abends wässern!

IN PFLANZGEFÄSSEN Spinat lässt sich problemlos auch im Blumenkasten oder in Töpfen anbauen; als Tiefwurzler bringt er aber bessere Erträge, wenn Sie Gefäße von 30–40 cm Tiefe wählen. Aussaat in Pflanzgefäße mit Einheitserde aus dem Fachhandel entweder in Reihen (siehe Beet) oder 5–6 Samen in einzelne Töpfe; nach etwa 6 Wochen eine Gabe Flüssigdünger verabreichen (bei Herbst-/Winteranbau allerdings zwischen Oktober und März gar nicht düngen). Gleichmäßig feucht, aber keinesfalls zu nass halten.

Es darf geerntet werden!

Erste Ernte ca. 8 Wochen nach der Aussaat, d. h. Wintersorten sind von Mitte November bis Anfang April erntereif. Blätter dicht über dem Boden abschneiden, „Herz“ der Pflanzen nicht verletzen, dann sind mehrere Ernten möglich. Blüht der Spinat, nicht mehr ernten.

Junger Spinat schmeckt als Gemüse gedünstet und auch roh im Salat.

Sortenempfehlungen

SORTEN FÜR FRÜHJAHRS- UND HERBSTANBAU

- ‘Butterfly’: sehr kältetolerant, mehltauresistent
- ‘Monnopa’: sehr kältetolerant, enthält wenig Oxalsäure, mehltauresistent
- ‘Matador’: raschwüchsig, ertragreich, frosthart

AUSGESPROCHENE WINTERSORTEN

- ‘Andromeda F1’: winterhart, robust
- ‘Winterriesen’: winterhart, robust

SORTE FÜR GEWÄCHSHAUS-ANBAU

- ‘Emilia F1’: schnellwüchsig, mehltauresistent

Stielmus Rübstiel, Stängelmus

Brassica rapa var. *rapa* (*Brassica rapa* subsp. *silvestris*)

Als Stielmus bezeichnet man die Blätter und Blattstiele der Rübsen (verwandt mit Raps, Kohl) oder anderer Rübenarten (z. B. Mairübe), die man in diesem Fall dicht aussät und erntet, bevor Rüben gebildet werden. Wir schätzen das anspruchslose, vitaminreiche Blattgemüse, da es sich sowohl früh als auch spät im Jahr problemlos anbauen lässt, zügig und selbst bei niedrigen Temperaturen wächst (5–10 °C).

Was braucht Stielmus, damit es gedeiht?

Stielmus wächst gut auf humosen, durchlässigen, leicht sandigen Böden bzw. in einem lockeren Pflanzsubstrat an halbschattigen bis sonnigen Plätzen. Im Gegensatz zu vielen seiner Verwandten (Familie der Kreuzblütler) ist das schnellwüchsige Stielmus ein Schwachzehrer und muss daher auch nicht gedüngt werden. Erhielt das Beet vorab eine leichte Kompostgabe, schadet das aber nicht. Aufgrund seiner kurzen Kulturdauer eignet sich Stielmus gut als „Lückenfüller“ zwischen anderen Kulturen (Ausnahme: nicht zwischen anderen Kreuzblütlern, z. B. Kohlrabi).

Tipps & Tricks rund um Stielmus

Stielmus lässt sich gut zwischen anderen Kulturen aussäen. Gute Nachbarn sind Bohnen, Erbsen, Kartoffeln, Salat. Der Geschmack des Blattgemüses ist zur typischen Erntezeit im Herbst bzw. Frühjahr mildwürzig; erntet man es bis in den Sommer hinein, ist sein Aroma eher kräftig pikant.

Anbau

IM BEET Stielmus kann im März/April direkt ins Beet gesät werden; am besten in Reihen (Abstand 20 cm) und 1–2 cm tief. Insbesondere wenn Sie Mairüben oder andere Rüben als Stielmus kultivieren wollen, sollte besonders dicht ausgesät werden, denn umso länger und zarter werden dann später die Blätter. Nach dem Auflaufen der Jungpflanzen die Kultur unkrautfrei halten und bei Trockenheit gießen. Keine Kohlgewächse in direkter Nachbarschaft anbauen

Lang vergessen, neu entdeckt: das Stielmus.

Sortenempfehlungen

Grundsätzlich können alle Arten von Speiserüben verwendet werden, um Stielmus zu ziehen.

Besonders zarte, schmackhafte Blätter liefern folgende Sorten:

- 'Namenia', 'Hymenia F1': wüchsig, ertragreich, können zweimal geerntet werden, bilden keine Rüben

ÄHNLICHES, ITALIENISCHES GEMÜSE

- 'Cima di rapa': Stiele, Blätter, Blüten (wie kleine Brokkoli-Röschen) essbar, herzhaft, leicht bitter

und erst nach 3–4 Jahren wieder Stielmus (oder andere Kreuzblütler) an dieselbe Stelle setzen.

IM GEWÄCHSHAUS Im Februar/März und dann wieder im September/Oktober kann Stielmus im Gewächshaus oder auch im Frühbeet (oder Folientunnel) gesät werden. Auch hier ist eine Reihensaat (Abstand 20 cm) und eine Saattiefe von 1–2 cm sowie eine möglichst dichte Aussaat empfehlenswert, damit sich lange, zarte Blätter bilden. Das Blattgemüse benötigt keine zusätzliche Wärme unter Glas – daher an warmen Tagen ausreichend lüften – lässt sich aber auf diese Weise sowohl zeitig als auch spät im Jahr unbehelligt etwa von Schneefall bequem ernten.

IN PFLANZGEFÄSSEN Wir ziehen Stielmus gerne im Herbst/Winter in einer großen Pflanzkiste oder einem Tischbeet, das wir unter einem Dachvorsprung an der Hauswand oder auf der Terrasse aufstellen. Die Kälte stört die Pflanzen nicht, sie bekommen ausreichend Licht, sind aber vor direkten Witterungseinflüssen (Regen, Schnee) geschützt. Als Substrat verwenden wir Einheitserde aus dem Fachhandel; die Aussaat im Februar/März oder im September/Oktober erfolgt ansonsten ähnlich wie im Gewächshaus oder Frühbeet.

Es darf geerntet werden!

Ernte 5–7 Wochen nach der Aussaat, wenn die Pflanzen etwa 15 cm hoch sind. Blätter dicht über dem Boden mit einem scharfen Messer abschneiden. Bleibt das Pflanzenherz unversehrt, treiben sie meist nochmal aus und es kann ein zweites Mal geerntet werden. Stängel und Blätter als Rohkost, Salat oder gedünstet.

Tomate

Paradeiser *Solanum lycopersicum*

Die wärmeliebenden Tomaten stammen aus Mittelamerika. In einem Glas- oder Foliengewächshaus reifen sie früher als im Freien und können länger geerntet werden. Nachteilig sind die oft hohe Luftfeuchte und ein damit einhergehender Pilzbefall im Sommer sowie die Notwendigkeit, alle paar Jahre die Erde auszutauschen, weshalb wir einen Anbau im Topf wärmstens empfehlen können.

Färben sich die ersten Früchte rot, beginnt der Tomatengenuss!

Tipps & Tricks rund um die Tomate

Tomaten im Gewächshaus unbedingt ausreichend lüften, sonst droht Pilzbefall! Zur Vorbeugung Blätter bis zum ersten Fruchttrieb entfernen. Im Spätsommer Blütenstände an der Triebspitze abknipsen, da deren Früchte im Herbst ohnehin nicht mehr ausreifen. Gut eignet sich auch ein nach einer Seite offenes Tomatenhaus.

Was brauchen Tomaten, damit sie gedeihen?

Tomaten lieben humosen, durchlässigen, tiefgründigen, kalkhaltigen, ausreichend feuchten Boden. Sie zählen zu den Starkzehrern, d. h. sie sind relativ nährstoffbedürftig. In Gefäßen mit einem entsprechenden Pflanzsubstrat lassen sie sich hervorragend kultivieren und liefern auch reiche Ernte. Ob Beet, Gewächshaus oder Kübel – achten Sie unbedingt auf die Wahl geeigneter Sorten! Außerdem wichtig: Nicht neben oder nach Kartoffeln anbauen, sonst droht Infektion mit dem Krautfäulepilz! Triebe in den Blattachseln regelmäßig ausbrechen bzw. „ausgeizen" (Ausnahme: Buschtomaten). Nicht von oben auf die Pflanzen gießen.

Anbau

IM BEET Vorkultur ab Februar/März bei ca. 18 °C; Saattiefe 1–2 cm. Jungpflanzen nach Entwicklung der ersten beiden Blattpaare in Töpfe pikieren und ab Mitte/Ende Mai auspflanzen, dabei 5–10 cm tiefer setzen als zuvor im Topf. Pflanzabstand 60 cm. Vorab Boden tief lockern, ca. 3–4 l/m^2 Kompost ausbringen. Beim Einpflanzen Pflanzenstützen dazu stecken. Ab Blütenbildung alle 14 Tage mit einem kaliumreichen Tomatendünger (Fachhandel) düngen, gleichmäßig feucht halten.

IM GEWÄCHSHAUS Vorgezogenen Jungpflanzen ab Mitte/Ende April setzen; Bodentemperatur sollte 13–15 °C betragen. Vor der Pflanzung Boden tief lockern und 2–3 l/m^2 Kompost einbringen; tief setzen; Pflanzen an Stäben/Schnüren hochleiten. Ab Blütenbildung 14-tägig Tomatendünger geben, regelmäßig wässern. Blühende Pflanzen im Gewächshaus wegen besserer Befruchtung mehrmals mittags oder bei Sonne schütteln.

IN PFLANZGEFÄSSEN Vorgezogenen Jungpflanzen ab Mai/Juni setzen, tief einpflanzen. Als Pflanzgefäße eignen sich Töpfe, Kübel, Kästen, Pflanzsäcke mit einem Volumen von ca. 10 l und einem guten Wasserabzug. Am besten Gefäße regengeschützt (beispielsweise unter ein Vordach) und nicht in der prallen Sonne (ca. 5 Std. vollsonnig/Tag) aufstellen. Stäbe anbringen. Tomatenerde (Fachhandel) oder eine Mischung aus lockerer, humoser Gartenerde und Kompost (3:1) verwenden, ab Blütenbildung 14-tägig Tomatendünger.

Es darf geerntet werden!

Ernte ab Juni (Gewächshaus)/Juli (im Freien) bis September. Vollreif mit Stiel ernten; rohe, grüne Früchte sind giftig (Ausnahme: grünfrüchtige Sorten)! Vor den ersten Frösten letzte, noch grüne Früchte ernten und im Zimmer nachreifen. Nicht im Kühlschrank aufbewahren, sondern dunkel bei ca.13–15 °C; Haltbarmachung durch Einfrieren, Einlegen; Verarbeitung zu Ketchup, Pesto, Chutney etc.

Sortenempfehlungen

ANBAU IM FREIEN (F1-Hybriden)
- 'Phantasia': Stabtomate
- 'Resi': rote Cocktailtomate

ALTE SORTEN (samenfest)
- 'Ochsenherz': schnittfeste Fleischtomate
- 'Marmande': große feste Fleischtomate
- 'Green Zebra': gestreifte Stabtomate, bleibt grün
- 'Yellow Pear': gelbe, birnenförmige Cocktailtomate

ANBAU IM KÜBEL
- 'Tumbling Tom Red': hängende Buschtomate
- 'Extreme Bush': Buschtomate, hängend oder aufrecht wachsend

Tomatillo

Bergaubergine *Physalis ixocarpa*

Die Heimat der Tomatillo ist Mittelamerika; sie gedeiht unter ganz ähnlichen Bedingungen wie die ebenfalls von dort stammende Tomate. Allerdings ist ihr Anbau unkomplizierter, was sie zu einer unserer Lieblingskulturen macht, ebenso wie ihr einzigartiger Geschmack: Ein angenehm süßsäuerliches Aroma, das eher an Obst als an Gemüse erinnert, kombiniert mit einer frischen, knackigen Konsistenz.

Was brauchen Tomatillos, damit sie gedeihen?

Tomatillos wachsen gut in humosen, lockeren, nährstoffreichen Böden; der Standort sollte warm und geschützt sein. Sie sind Mittelzehrer; eine Kompostgabe vor der Pflanzung (2 l/m²) ist ausreichend. Tomatillos kommen gut auch mit wenig Wasser aus (gleichmäßig feucht halten); eine reichlichere Wasserversorgung führt jedoch zu zusätzlichen Früchten. Staunässe vertragen sie nicht. Nicht von oben auf die Pflanzen gießen! Ein „Ausgeizen“ wie bei den Tomaten ist nicht nötig.

Tipps & Tricks rund um Tomatillo

Bei der Aussaat können Sie das Keimergebnis deutlich steigern, wenn Sie die Samen vorab einen halben Tag lang in lauwarmem Kamillentee einweichen. Unbedingt beachten: Zum Fruchtansatz benötigen Sie mindestens zwei Pflanzen; bei Topfkultur setzen Sie daher am besten immer gleich zwei bis drei Tomatillos in ein Gefäß.

Anbau

IM BEET Ab Februar/März Tomatillos bei 20–25 °C auf der warmen Fensterbank aussäen, 1–2 cm tief; Pflanzabstand etwa 2–3 cm. Sobald die Jungpflanzen ca. 5 cm hoch sind, in Töpfe pikieren und erst nach den letzten Frösten bzw. nach den Eisheiligen (in kalten Lagen sogar etwas später) ins Freie; Pflanzabstand 70–80 cm. Tief pflanzen fördert Seitenwurzelbildung. Drohen noch niedrige Temperaturen, Gärtnervlies zum Abdecken bereithalten. Pflanzen ab einer Höhe von 10 cm an Schnüren oder Stäben ziehen. Ab dem Fruchtansatz mit einer weiteren Kompostgabe (2 l/m²) versorgen.

IM GEWÄCHSHAUS Vorgezogenen Jungpflanzen ab Mai setzen; Bodentemperatur sollte 15 °C betragen. Vorab Boden tief lockern und 2 l/m² Kompost einbringen; tief setzen; Pflanzen an Stäben/Schnüren hochleiten, regelmäßig wässern. Da Tomatillos selbstunfruchtbar sind, müssen Sie im Gewächshaus bei der Bestäubung nachhelfen: Sind die ersten Blüten offen, mit einem feinen Pinsel nacheinander leicht über die Blüten und wieder zurückstreichen, mehrmals täglich wiederholen, immer denselben Pinsel verwenden.

IN PFLANZGEFÄSSEN Vorgezogenen Jungpflanzen ab Mai in Töpfe (15–20 l) setzen, tief einpflanzen, regengeschützt und nicht in der prallen Sonne aufstellen. Stäbe oder Schnüre anbringen. Als Substrat eignet sich Tomatenerde (Fachhandel) oder eine Mischung aus lockerer, humoser Gartenerde und Kompost (3:1), ab Blütenbildung 14-tägig mit Gemüse-Flüssigdünger versorgen. Tomatillos im Topf können überwintert werden; dazu nach der Ernte Rückschnitt um ca. 2/3; hell und kühl (15 °C) stellen, mäßig gießen, nicht düngen. Ab März schrittweise an höhere Temperaturen und Sonne gewöhnen.

Es darf geerntet werden!

Sobald von Juli bis September (im Gewächshaus bis November) die lampionartigen Hüllblätter aufbrechen und die Früchte zu Boden fallen, können Sie mit der Ernte beginnen. Vollreife Früchte ohne Hüllblatt frisch für Rohgenuss (unreife Früchte nicht verzehren!); verarbeitet für Chutney, Curry, Salsa („Salsa verde“), Soße, Ratatouille, Gemüsegerichte, Eintöpfe.

Sortenempfehlungen

- 'Cisneros': sehr große, grüne Früchte
- 'Tomate Verde': früh reifend, große, flache, gelbgrüne Früchte
- 'Purple': von grün zu violett abreifende Früchte, schmecken je nach Reifegrad säuerlich bis süßwürzig
- 'De Milpa': etwas kleinere, tief violette Früchte, etwas länger haltbar
- 'Little Lanterns': kirschgroße, süße, orangerote Früchte, sehr delikat, gut für die Topfkultur geeignet

Grüne Hüllblätter: Die Tomatillos brauchen noch Zeit zum Reifen.

Topinambur Erdartischocke, Erdbirne, Knollensonnenblume *Helianthus tuberosus*

Dieses Gemüse ist im Sommer eine Zierde im Beet und liefert dann mitten im Winter frische Wurzelknollen – was will man mehr! Die gelben Blüten verraten es: Topinambur ist mit der Sonnenblume verwandt. Anders als diese ist er jedoch winterhart – dank seiner Speicherorgane bzw. Wurzelknollen. Denn selbst bei intensiver Ernte bleiben meist einige davon im Boden zurück und treiben im Folgejahr aufs Neue aus.

Topinambur enthält viel Vitamin A, B1, B2, Eisen und Kalium.

Tipps & Tricks rund um Topinambur

Von Juli bis Oktober/November erfreut uns Topinambur mit seinen leuchtend gelben Blüten, die wie kleine Sonnenblumen aussehen. Da die Blütenbildung eine Menge Energie einfordert, bewirkt die Entfernung aller oder eines Großteils der Blüten eine größere Ausbeute an Knollen. Schneiden Sie also ruhig sonnengelbe Blumensträuße!

Was braucht Topinambur, damit er gedeiht?

Topinambur bevorzugt lockere, humose, nährstoffreiche Böden, mag jedoch keine Staunässe. Eine Kompostgabe (2–3 l/m²) vor der Pflanzung ist ideal. Er wächst am liebsten in der Sonne, verträgt aber auch Halbschatten. Die Pflanze wird 2–3 m hoch, ideal ist daher ein Standort beispielsweise am Gartenzaun oder vor einer Sichtschutzwand. Topinambur ist dafür bekannt, dass er sich gerne ungezügelt im Beet ausbreitet. Wer dies verhindern möchte, sollte eine Wurzelsperre (spezieller Kunststoffring im Boden) einbauen oder die raumgreifende Pflanze gleich in einem großen Pflanzkübel ziehen.

Anbau

IM BEET Knollen mit mindestens zwei Knospen im zeitigen Frühjahr (Ende Februar bis Ende April) oder Herbst (Oktober/November) etwa 5–10 cm tief pflanzen; je schwerer, der Boden, desto höher setzen. Pflanzabstand ca. 50 cm. Nachdem die Knollen ausgetrieben haben, ähnlich wie Kartoffeln mehrmals anhäufeln. Junge Triebe vor Schnecken und Knollen vor Wühlmäusen schützen; bei Trockenheit gießen, vor allem im Spätsommer (ab August), denn dann werden die Knollen gebildet. Bei zu hoher Stickstoffversorgung faulen die Knollen. Nach der Blüte bzw. im Spätherbst zieht die Pflanze ein und treibt im nächsten Jahr wieder aus.

IN PFLANZGEFÄSSEN Wer keinen großen Garten hat, aber trotzdem nicht auf Topinambur verzichten möchte, für den ist ein Anbau im Kübel ideal, denn dann stellt der übermäßige Ausbreitungsdrang der Pflanze kein Problem dar! Wählen Sie das Pflanzgefäß auf jeden Fall ausreichend groß (mindestens 10 l), damit auch zahlreiche Knollen gebildet werden. Als Pflanzsubstrat eignet sich lockere, mit Kompost angereicherte Gartenerde; pro Topf wird im Herbst oder Frühjahr (siehe Beet) eine Knolle gesetzt. Vor allem im Sommer ausreichend gießen, aber immer darauf achten, dass keine Staunässe im Topf entsteht, weil sonst die Knollen faulen. Unser Tipp: Topf im Sommer einfach im Garten eingraben, damit lässt sich der Wasserhaushalt recht gut regulieren.

Es darf geerntet werden!

Sobald im Spätherbst das Kraut abstirbt, werden erste Knollen geerntet. Immer einige Knollen für die nächste Ernte im Boden lassen. Da sich Topinambur nicht lange lagern lässt, am besten immer portionsweise nach Bedarf ernten. Decken Sie das Erdreich um die Pflanze herum mit Stroh ab, dann gefriert die Erde nicht und die Knollen lassen sich noch bis in den Winter hinein ernten. Knollen als Rohkost, gebraten oder gedünstet.

Sortenempfehlungen

- 'Gigant': Knollen walzenförmig, sehr groß, violett
- 'Gute Gelbe': Knollen rundlich, groß, sehr guter Geschmack
- 'Bianca': schwach wachsend, Knollen walzenförmig, weißfleischig, ertragreich
- 'Dwarf': sehr kompakt und niedrig wachsend, ideal für Topfkultur, Knollen klein, rötlich
- 'Waldspindel': mittelhoch, Knollen hellviolett, länglich
- 'Rote Keule': Knollen länglich, violett, sehr feiner Geschmack

Zuckerschote Kefe, Kiefelerbse, Zuckererbse *Pisum sativum saccharatum*

Zuckerschoten schmecken, wie ihr Name sagt, fein und süß. Uns überzeugt, dass sie als eine der ersten Kulturen im Jahr bei relativ niedrigen Bodentemperaturen (6–8 °C) ausgesät werden können. Ganz ähnlich wie Bohnen haben sie einen eher geringen Nährstoffbedarf. An Zuckerschoten schätzen wir außerdem, dass, wie bei jungen Bohnen, die ganze Hülse mitsamt den Samenkörnern verzehrt werden kann.

Was brauchen Zuckerschoten, damit sie gedeihen?

Zuckerschoten benötigen einen lockeren, humosen, tiefgründigen Boden bzw. ein entsprechendes Substrat, wenn sie in Gefäßen kultiviert werden und am besten einen sonnigen, luftigen Gartenplatz. Als Schwachzehrer, die in ihren Wurzelknöllchen Stickstoff anreichern, eignen sie sich gut als Vorkultur von starkzehrenden Gemüsearten. Daher sollten Sie auch, sobald die Zuckerschoten abgeerntet sind, nur das Kraut abschneiden und die Wurzeln im Boden belassen, den diese weiter mit Stickstoff versorgen. Haben sich die Jungpflanzen nach der Aussaat gut entwickelt, brauchen sie nur bei Trockenheit gewässert zu werden; insbesondere dann, wenn sich die ersten Schoten bilden. Dauerhaft feuchte Füße mögen Zuckerschoten nicht.

Tipps & Tricks rund um die Zuckerschote

Eine möglichst frühzeitige Aussaat und ein gut belüfteter Gartenplatz sind günstig, um verschiedenen Krankheiten und „Lästlingen“ vorzubeugen: dem Erbsenwickler, einem Schadschmetterling, und dem Echten Mehltau, einer Pilzkrankheit. Wenn Sie eigene Samen fürs nächste Jahr sammeln, nur von gesunden Pflanzen ernten.

Anbau

IM BEET Zuckerschotensamen faulen bei tiefen Aussaattemperaturen, Aussaat daher etwa ab Mitte/Ende April, wenn die Temperatur im Boden ca. 6–8 °C beträgt. Nicht später als Juni aussäen, denn je länger die Tage, umso schneller blühen die Pflanzen und

Erntereife Zuckerschoten: Die einzelnen Samen zeichnen sich ab.

Sortenempfehlungen

- 'Früher Heinrich': 70–100 cm hoch, früh reifend, robust
- 'Oregon Sugar Pot': 80 cm hoch, große dunkle Schoten, ertragreich
- 'Shiraz': 90 cm hoch, rote Blüten und Schoten, schmecken weniger süß
- 'Schneeflocke', 'Zuccola': bis 150 cm hoch
- 'Krimberger Erbse': bis 180 cm hoch, blassgelbe Schoten
- 'Carouby de Maussane': bis 180 cm hoch, rotviolette Blüten, lange süße Schoten

bilden dann zu wenig Blätter, um die Schoten zu versorgen. Samen einen Tag lang in Wasser „vorquellen" lassen, dann keimen sie schneller. Vor der Aussaat Boden lockern, Samen im Abstand von 5 cm und in Reihen ca. 3–4 cm tief aussäen, Reihenabstand 15–20 cm. Dazwischen Rankhilfen (z. B. Reisig) in den Boden stecken. Gut angießen; nach der Keimung nur noch bei Trockenheit wässern. Unkraut jäten; ab etwa 15 cm Höhe die Pflanzen an der Basis mit Erde anhäufeln. Anbaupause von 4 Jahren einhalten.

IN PFLANZGEFÄSSEN Zuckerschoten ab Ende März/Anfang April in mindestens 15 cm tiefe Blumenkästen oder Kübel in einem Abstand von 5 cm und mindestens 5 cm tief aussäen und an einem möglichst sonnigen Platz aufstellen. Gleichmäßig feucht halten, bis die ersten Pflänzchen erscheinen. Dann Reisig, Haselzweige oder eine andere Rankhilfe neben jede Pflanze stecken. Als Substrat eignet sich lockere Einheitserde aus dem Gartenfachhandel, der Hornmehl (ca. 1 Esslöffel/1 l Erde) beigemischt wird.

Es darf geerntet werden!

Sobald sich in den Schoten ganz leicht die einzelnen Erbsen abzeichnen, etwa ab Juni, ist der ideale Erntezeitpunkt. Ganze Schoten ernten und auch im Ganzen verwenden. Frisch geerntete Zuckerschoten nicht lange aufheben, sondern zeitnah verzehren, da sie sonst bitter und mehlig werden. Zuckerschoten reichern Stickstoff im Boden an, daher abgeerntete Pflanzen abschneiden und Wurzeln im Boden lassen.

Zwiebel

Gemüsezwiebel, Küchenzwiebel *Allium cepa*

Die Vielfalt der Zwiebeln ist groß: Es gibt Lauch- bzw. Frühlingszwiebeln, Schalotten, Sommerzwiebeln, Küchenzwiebeln, Winterheckzwiebeln, „Ewige" Zwiebeln ... Uns gefällt gut, dass sie sich alle bei halbwegs passenden Bedingungen im Garten recht unkompliziert anbauen lassen und – je nach Art – sowohl saisonal und nach Bedarf geerntet als auch gelagert werden können.

Eine Anbaupause von 4–5 Jahren lässt Zwiebeln gut gedeihen.

Tipps & Tricks rund um die Zwiebel

Neben der in der Küche gebräuchlichen Gemüsezwiebel gibt es noch eine ganze Reihe anderer Arten, wie z. B. die kleinere, schlanke Schalotte (*Allium cepa* var. *aggregatum*), die langlebige Winterheckzwiebel (*Allium fistulosum*), auch als Lauch-, Frühlingszwiebel oder „Ewige Zwiebel" bekannt, oder die skurrile Luft- oder Etagenzwiebel (*Allium cepa* var. *proliferum*).

Was brauchen Zwiebeln, damit sie gedeihen?

Zwiebeln lieben durchlässige, humose und lockere Böden sowie warme und sonnige (4–6 Std./Tag) Standorte. Der Platz sollte windstill, aber nicht völlig windgeschützt sein. So kann das Gemüse nach Regenfällen schnell wieder abtrocknen, was einem Befall mit unerwünschten Pilzkrankheiten vorbeugt. Trockenes Hoch- und Spätsommerwetter lässt Zwiebeln besonders gut gedeihen. Die Lauchgewächse vertragen weder Staunässe noch frische organische Düngung (z. B. Mist) – in beiden Fällen faulen sie. Ein häufiger Wechsel von nass und trocken schadet Zwiebeln mehr als anhaltende Trockenheit. Ein idealer Partner in der Mischkultur sind Möhren. Nach dem Anbau von Zwiebeln mindestens 5 Jahre Anbaupause einhalten.

Anbau

IM BEET Ab März/April (bis Juli) Steckzwiebeln mit einem Reihenabstand von 20 cm und einem Pflanzenabstand von 8–10 cm so tief in die Erde stecken, dass die Zwiebelspitze gerade noch aus dem Boden herausschaut; leicht angießen. Im Juli/August können die ersten Zwiebeln geerntet werden. In Regionen mit langen Wintern sehr trockenen Sommern ist diese Variante empfehlenswert. Ansonsten können Zwiebeln im März/April auch gesät werden (Saattiefe 1–2 cm, Reihenabstand 20 cm), angießen, Sämlinge ab etwa 10 cm Höhe vereinzeln. Vor Saat oder Pflanzung Boden lockern, Kompost (3 l/m²) flach einarbeiten, Boden anschließend wieder etwas festdrücken. Bei Trockenheit wässern, regelmäßig Unkraut entfernen, keine frische organische Düngung, im April/Mai mit Netz vor Zwiebelfliege schützen.

IN PFLANZGEFÄSSEN Gemüsezwiebeln sind äußerst pflegeleichte Topfbewohner (mindestens 15 cm tief), die auch den Winter über angebaut werden können! Zwiebeln entweder im März/April (Ernte im August) oder im Oktober/November (Ernte im Mai) in Töpfe stecken, sodass die Zwiebelspitze gerade noch aus dem Boden herausschaut. Als Substrat eignet sich eine Mischung aus handelsüblicher Pflanzerde und Sand (4:1).

Es darf geerntet werden!

Ab Juli/August, sobald das Laub welkt und braun wird, können Zwiebeln geerntet werden. Wählen Sie Tage mit trockenem Wetter und lassen insbesondere zum Lagern bestimmte Zwiebeln gut trocknen. Eine dekorative Form der Lagerung sind Zwiebelzöpfe: Welke Blätter von drei Pflanzen zu einem Zopf flechten und nach und nach weitere Zwiebeln anfügen. Junges Laub ist ebenfalls essbar.

Sortenempfehlungen

GEMÜSEZWIEBELN
- 'Exhibition': sehr groß, aromatisch
- 'The Kelsae': englische Sorte, groß, mild
- 'Stuttgarter Riese': gelbschalig, mild, aromatisch, gelbe Schale
- 'Snowball': süßlich, weiße Schale, Reife bereits im Frühling oder Frühsommer
- 'Braunschweiger Dunkelblutrote': rotes Fleisch, rote Schale

SCHALOTTEN
- 'Longor': aromatisch, scharf

FRÜHLINGSZWIEBELN
- 'Freddy': sehr winterhart, ertragreich, Schaftende nur leicht verdickt
- 'Blanca de Lisboa': kleine, längliche Zwiebeln

Obst: Fruchtiges für jeden Geschmack

In unserer Auswahl an Garten- und Wildfrüchten, von schnell wachsenden Bodenbeeren (Erdbeeren) über Beerensträucher bis zum Obstbaum, ist für jeden etwas dabei. Sorten für kleine Gärten und Kübel, Kulturformen für frühzeitigen Ertrag – so gelingt der Anbau!

Im Vergleich zu Kräutern und Gemüse handelt es sich bei Obst nahezu immer um mehrjährige Kulturen. Die Gehölze unter ihnen brauchen zum Teil sogar ein paar Jahre, bis sie Früchte tragen. Die Begriffe „schnell & einfach" relativieren sich vor diesem Hintergrund – natürlich lässt sich ein Radieschen schneller und einfacher kultivieren als ein Apfelbaum! Doch andererseits hat ausdauerndes Obst einen großen Vorteil: Einmal am passenden Ort gepflanzt, versorgen Sie Baum oder Strauch meist jahre- bzw. jahrzehntelang mit leckeren Früchten. Außerdem finden sich im Obstsortiment für Ungeduldige, Garteneinsteiger oder Hausgärtner mit wenig Platz bzw. begrenzter Zeit verschiedene Sorten, Baumformen und Anbaumethoden, um einen jeden „obst-glücklich" zu machen. Überlegen Sie daher vorab gut, ob Sie Früh- oder Spätsorten wählen, zum Sofortverzehr, Verarbeiten, Lagern oder Wert auf bestimmte Resistenzen legen.

Obst in allen Formen

Kleine Baumformen wie Spindel-, Buschbäume oder Säulenformen lassen sich leicht auch im kleinen Garten unterbringen, unter Umständen sogar in einem Pflanzgefäß auf dem Balkon und beginnen früher zu fruchten als große Bäume. Apfelbäumchen können bei begrenztem Platz auch als frei stehendes Spalier (z. B. an Stelle einer Hecke) gezogen werden, Tafelreben begrünen Hauswände, Mauern oder eine Pergola, Beerensträucher lassen sich ebenfalls in Spalierform ziehen: Das spart Platz und ist einfach zu pflegen und zu ernten. Verschiedene Wildfruchtgehölze dienen als Sichtschutz und Hecke.

Obstgehölze schneiden

Ein wesentlicher Pflegebestandteil, den die meisten Obstpflanzen regelmäßig benötigen, ist der Schnitt. Doch wenn Sie ein paar Grundlagen beherzigen (siehe auch Seite 122/123), lohnt sich diese Arbeit auf jeden Fall und wird in Form reicher Ernte und gesunder Pflanzen belohnt!

Apfel

Malus domestica

Was gibt es Schöneres, als eigene Äpfel direkt vom Baum zu pflücken? Etwas Pflege braucht so ein Apfelbaum schon, doch dann ist das Ernteerlebnis gesichert – selbst der kleine Garten oder Balkon liefert mit der richtigen Sortenwahl leckere Äpfel! Uns begeistert die Sortenvielfalt: Ob zum sofort essen, Kuchen backen, Saften, Lagern, Dörrobst herstellen – für jeden Zweck, jeden Geschmack der passende Apfel!

Was brauchen Äpfel, damit sie gedeihen?

Apfelbäume lieben sonnige/halbschattige Plätze, mögen aber keine pralle Hitze. Empfehlenswert ist eine Südost- oder Südwestlage. Der Boden sollte humusreich, lehmig, tiefgründig, ausreichend feucht, aber nicht nass sein. Wählen Sie in spätfrostgefährdeten Lagen spät blühende Sorten, windgeschützte Plätze oder pflanzen Sie niedrig wachsende Baumformen, die dem Wind weniger Angriffsfläche bieten. Apfelbäume sind meist langlebig und häufig finden nur ein oder zwei Exemplare Platz im Garten. Überlegen Sie daher vorab, welche Sorten am besten zu Ihren Ansprüchen und Vorlieben passen. Auch eine geeignete Bestäubersorte sollte in der Nähe wachsen, damit die Blüten ausreichend befruchtet werden – allerdings genügt es, wenn diese im Garten des Nachbarn steht. Am besten für den Hausgarten eignen sich robuste, wenig krankheitsanfällige Sorten, oft auch lokale Sorten, die sich in der Region schon lange bewährt haben. Bei einem nur begrenzten Platzangebot sind Spalier- oder Säulenbäume eine ideale Alternative.

Tipps & Tricks rund um den Apfel

Die verschiedenen „Erziehungsformen“ eines Apfelbaums entscheiden, wie hoch, breit und alt er wird.

Hochstamm: 60–80 Jahre alt, Kronenansatz bei mindestens 180 cm, Höhe 8–10 m, Standraum 8 × 8 m.

Halbstamm: 20–40 Jahre alt, Kronenansatz bei 160 cm, Höhe 4–6 m, Standraum 6 × 6 m.

Buschbaum: 15–20 Jahre alt, Kronenansatz bei 60 cm, Höhe 3–4 m, Standraum 4 × 4 m.

Selbst kleine Apfelbäume können eine reiche Ernte liefern.

Sortenempfehlungen

SOMMER-/HERBSTSORTEN

- 'Weißer Klarapfel': Ernte Juli/August, Sofortverzehr
- 'James Grieve': Ernte ab August, genussreif bis Oktober
- 'Florina': Ernte ab Oktober, haltbar bis Januar
- Säulenapfel 'Arbat': Ernte ab September, haltbar bis November
- Säulenapfel 'Rondo': Ernte ab Oktober, haltbar bis Februar

WINTER-/LAGERSORTEN

- 'Pilot': Ernte ab Oktober, genussreif ab Februar
- 'Roter Boskoop': Ernte ab September, haltbar bis Januar

Anbau

IM GARTEN Im März/April oder September/Oktober pflanzen, Veredelungsstelle etwa 10 cm über Bodenniveau; Pflanzloch ausheben, Pflanze eventuell mit Pfahl einsetzen, Erde auffüllen und festtreten, angießen, fachgerechte Schnittmaßnahmen durchführen (siehe auch Seite 122/123). Bei Hitze regelmäßig wässern, Baumscheibe mulchen. Haben Sie wenig Platz zur Verfügung, wählen Sie besser schwach wachsende Sorten und niedrige Baumformen (Buschbaum, Säule) oder ziehen Sie sie als frei wachsendes Spalier.

IN PFLANZGEFÄSSEN Passende Baumformen für Apfelbaum im Kübel: Säule, Spalier. In Pflanzgefäß (mindestens 30 l) mit ausreichend Wasserabzug in eine Mischung aus humoser Gartenerde, Sand, Kompost (2:1:1) setzen, Veredelungsstelle etwa 10 cm über Bodenniveau, angießen. Säulenäpfel im Sommer auslichten (zu dicht stehende Seitentriebe am Mitteltrieb entfernen). Überwintern: Topf auf Styroporplatte stellen, mit Noppenfolie einpacken; Baum vor intensiver Wintersonne mit Bastmatte schützen.

Es darf geerntet werden!

Je nach Sorte von Juli bis Oktober/November. Mit Stiel pflücken, wenn er sich leicht löst, für Verarbeitung auch vom Baum schütteln. Für Frischverzehr, Kuchen, Kompott, Apfelmus, Gelee, Saft, Wein, Bratäpfel, Dörrobst. Lagersorten werden meist erst später genussreif; Lagern nicht unter 4 °C.

Erdbeere Gartenerdbeere

Fragaria × ananassa

Kaum eine andere Gartenfrucht repräsentiert so den Inbegriff sommerlicher Süße wie die Erdbeere und wie viele andere Gartenbesitzer erwarten auch wir ab Ende Mai schon sehnsüchtig die aromatischen Früchte. Es gibt sogar zweimal tragende Sorten, die mit einer Herbsternte überraschen, und für absolut unkomplizierten Genuss sorgen die kleinen fruchtigen Monatserdbeeren – mangels Garten auch als Topfkultur!

Eine Stroh-Mulchschicht sorgt für trockene und saubere Erdbeerfrüchte.

Tipps & Tricks rund um die Erdbeere

Ungeduldige Erdbeerfreunde sollten außer Gartenerdbeeren auch die nahezu „dauerfruchtenden" Monatserdbeeren (*Fragaria vesca* var. *semperflorens*) pflanzen. Sie tragen kontinuierlich von Frühsommer bis Herbst kleine Früchte; die meisten Sorten treiben keine Ausläufer und sind weniger krankheitsanfällig als die Gartenerdbeeren.

Was brauchen Erdbeeren, damit sie gedeihen?

Gartenerdbeeren lieben windgeschützte und sonnige Standorte, wo die Pflanzen nach Regen schnell abtrocknen, das wiederum einem Schadpilzbefall vorbeugt. Sie kommen aber auch mit leichtem Halbschatten zurecht. Der Boden sollte schwach sauer, locker, nährstoffreich und durchlässig sein. Schwere, nasse Böden führen bei Erdbeeren leicht zu Wurzelkrankheiten; Boden in diesem Fall vorab tief lockern und mit Kompost (3–4 l/m²) verbessern. Auf leichten, sandigen Böden hilft eine Anreicherung mit Humus, Düngung und regelmäßige Bewässerung. Während der Wachstumszeit zwischen den Pflanzen hacken, damit der Boden unkrautfrei bleibt und flach gelockert wird. Die robusten Monatserdbeeren gedeihen an sonnigen Plätzen mit humosem, nährstoffreichem, durchlässigem Boden und wachsen auch gut in Töpfen & Co.

Anbau

IM BEET Pflanzung von Ende Juli bis Mitte August (zweimal tragende Sorten im September) in Reihen, 25 cm Abstand (Monatserdbeeren 15 cm), Boden vorab tiefgründig lockern, Herzknospe nicht zu tief setzen, angießen. Kompost- (5 l/m²) oder Erdbeerfertigdüngergabe jeweils vor der Pflanzung und nach der Ernte. Nach Fruchtansatz mit Stroh mulchen, im Juni/Juli Ausläufer zur Neupflanzung abnehmen bzw. auf jeden Fall entfernen, nach der Ernte Blätter abschneiden, Herzknospe stehen lassen, im August/September gut gießen. Alle 2–3 Jahre Standort wechseln. Meist selbstbefruchtend, aber besser zwei Sorten pflanzen. Eigene Jungpflanzen ziehen Sie ganz leicht aus Ausläufern der letztjährigen Pflanzen, die reichlich Früchte getragen haben. Monatserdbeeren Mitte Mai oder im August/September pflanzen.

IN PFLANZGEFÄSSEN Erdbeeren wachsen gut in Pflanzgefäßen (Tiefe mindestens 20 cm) mit einer strukturstabilen Kübelpflanzenerde oder Beerenerde (Fachhandel), der noch etwas Sand untergemischt wird. Ende Juli bis Mitte August setzen (nicht zu tief!), angießen, für guten Wasserabzug sorgen. Vor der Pflanzung und nach der Ernte organischen Langzeitdünger mit viel Kalium geben. Nach der Ernte Blätter abschneiden. Geeignet sind auch sogenannte „Erdbeertöpfe“ mit seitlichen Pflanztaschen oder Hängeampeln. Überwintern: Topf auf Styroporplatte stellen, mit Noppenfolie einpacken.

Es darf geerntet werden!

Gartenerdbeeren Ende Mai bis Mitte Juli mit Stiel und Kelchblättern pflücken. Die reifen Früchte einfach frisch verzehren; sie lassen sich auch zu Marmelade, Gelee, Kuchenbelag oder Bowle verarbeiten.

Sortenempfehlungen

GARTENERDBEEREN
- 'Elsanta': großfruchtig, ertragreich, nur für leichte Böden
- 'Tenira': mittelgroß, ertragreich, blüht über dem Laub, dadurch kaum Grauschimmel, oft noch 2. Ernte im Spätsommer
- 'Evita': großfruchtig, ertragreich, zweimal tragend
- 'Ostara': großfruchtig, ertragreich, zweimal tragend

MONATSERDBEEREN
- 'Rügen': ertragreich, aromatisch, für Balkon
- 'Camara': länglich, fest, aromatisch

Haselnuss Zellernuss

Corylus avellana

Schon die Jäger und Sammler der Steinzeit entdeckten die fettreichen, haltbaren Früchte wild wachsender Haselsträucher und machten sie zum wichtigen Bestandteil ihrer Nahrung. Auch heute können die Nüsse vielerorts von wild wachsenden Sträuchern gesammelt werden, oder man pflanzt einen Haselstrauch im Garten. Neben den Nüssen schätzen wir das „tierische" Leben, welches ein solches Gehölz anlockt.

Was brauchen Haseln, damit sie gedeihen?

Haselsträucher wachsen an vielen Standorten, am liebsten ist ihnen jedoch ein tiefgründiger, nährstoffreicher, kiesiger bis lehmiger Boden, der leicht kalkhaltig und mäßig feucht sein sollte. Außerdem liebt der Strauch Licht – in der Natur finden wir ihn an Waldrändern, in lichten Wäldern und Feldhecken. Im Schatten bildet die Hasel meist kleinere Früchte und ist weniger ertragreich. Auch auf ärmeren Böden gedeiht der Strauch, dort allerdings um einiges langsamer. Im Garten bevorzugt die Hasel einen hellen bis leicht schattigen, windgeschützten Platz. Bedenken Sie bei der Standortwahl, dass der schnellwüchsige Strauch dicht, buschig und 3–7 m hoch werden kann. Hier hilft ein regelmäßiger Rückschnitt im Frühjahr nach der Blüte, wobei mehrere alte Äste bodeneben entfernt werden. Auch ein radikales Zurückschneiden wird vertragen.

Tipps & Tricks rund um die Hasel

Haselsträucher haben für Tierwelt und Artenvielfalt einiges zu bieten. Insbesondere wegen der frühen Blüte ihrer (männlichen) Kätzchen sind sie eine wichtige Futterquelle für viele Insekten. Leider sind die Blüten für Pollenallergiker auch ein Auslöser für Heuschnupfen, was Sie vor einer Pflanzung im Hausgarten bedenken sollten.

Anbau

IM GARTEN Am besten im Herbst (ab Oktober) pflanzen, auch als Hecke geeignet (dann je 2 Stück/m), gut angießen. Später Sträucher ca. alle 3 Jahre im Herbst (nach der Ernte) auslichten, d. h. starke alte Äste bodennah abschneiden und jeweils ca. fünf bis acht Jungtriebe stehen lassen. Auch ein gelegentlicher Total-Rückschnitt auf den Stock wird vertragen. Haselsträucher sind nicht selbstbefruchtend; eine Befruchtung ist aber meist durch häufig vorkommende Wildpflanzen gesichert. Werden mehrere Exemplare im Garten gepflanzt, am besten zwei bis drei Sorten wählen, dann ist eine reiche Fruchternte zu erwarten.

IN PFLANZGEFÄSSEN Die starkwüchsige Hasel ist eigentlich kein Gehölz für langjährige Topfkultur, kann allerdings ein paar Jahre in einem Pflanzgefäß (15–20 l) durchhalten. Etwas besser als Kübelpflanze geeignet ist eine Korkenzieherhasel (Zierform mit wenigen, aber essbaren Nüssen). Haseln lassen sich leicht aus Stecklingen ziehen; dazu im Herbst ca. 20 cm lange, kräftige Triebe schneiden, Blätter entfernen, Triebe zu ¾ in Pflanzgefäße mit Anzuchterde stecken, angießen, hell aufstellen und umpflanzen, sobald erste Blätter wachsen.

Es darf geerntet werden!

Im September/Oktober Nüsse mit grünen Hüllblättern pflücken oder abschütteln, wenn die untere, unbedeckte Schalenhälfte braun wird. Zum Lagern ernten, sobald sich die Nüsse aus den Hüllen lösen, etwa 4 Wochen trocknen, dann trocken aufbewahren. Für Frischverzehr, Gebäck, Müsli.

Noch sind die Nüsse hellgrün; werden sie braun, steht die Ernte an.

Sortenempfehlungen

- 'Bergers Zellernuss': gesund, ertragreich, große Früchte
- 'Rotblättrige Zellernuss': ertragreich, dünnschalig, rotbraunes Laub

WEITERE ARTEN

- Lambertsnuss (*Corylus maxima*), sehr starkwüchsig, Nüsse sehr süß
- 'Webb's Preisnuss': rotblättrig, Früchte sehr groß, länglich, mit langen Hüllblättern
- 'Hall'sche Riesen': Früchte sehr groß, ertragreich
- Baumhasel (*Corylus colurna*): wächst baumförmig, Nüsse in runden Büscheln

Himbeere Holbeer

Rubus idaeus

Himbeeren zählen zu unseren Lieblingen unter dem Beerenobst, gedeihen sie doch mit wenig gärtnerischem Aufwand, sind leicht zu ernten und unglaublich lecker! Hat man darüber hinaus sowohl sommer- als auch herbsttragende Sorten, kann man über lange Zeit „Himbeeren satt" genießen! Wem die ausbreitungsfreudigen Sträucher im Garten zu „ungestüm" sind, kann sie sogar in großen Pflanzgefäßen anbauen.

Was brauchen Himbeeren, damit sie gedeihen?

Himbeeren sind ursprünglich Waldpflanzen, wo wir sie auch wild wachsend finden. Sie lieben einen sonnigen bis halbschattigen Standort und nährstoffreichen, durchlässigen, humosen Boden; ausreichend feucht, aber nicht staunass. Im Garten sind die flachwurzelnden Sträucher für eine Mulchschicht aus Gartenschnittgut, Laub- oder Rindenkompost dankbar. Sie hilft, Wurzelkrankheiten vorzubeugen, verhindert Trockenschäden und führt sogar zu einer Erhöhung der Erntemenge. Himbeeren vermehren sich über Wurzelausläufer. Auf diese Weise verjüngt sich der Bestand regelmäßig; wer nur eine kleine Gartenfläche hat, kann dem Ausbreitungsdrang mit einer Wurzelsperre Einhalt gebieten. Das kann eine geeignete Folie aus dem Fachhandel oder auch eine bodeneben eingegrabene Mörtelwanne sein.

Tipps & Tricks rund um die Himbeere

Sommerhimbeeren tragen im Juni/Juli Früchte an den zweijährigen Trieben, Herbsthimbeeren an den im selben Jahr gebildeten (einjährigen) Trieben ab August, sogenannte „Twotimer" bilden meist sowohl im Sommer als auch im Herbst Früchte, wobei die Erntemenge dann geringer ausfällt. Herbsthimbeeren und „Twotimer" sind weitgehend madenfrei.

Anbau

IM GARTEN Himbeersträucher werden im September/Oktober oder März/April gepflanzt (Pflanzabstand 40–50 cm), dabei die

Himbeeren frisch naschen oder Gelee, Kuchen, Saft daraus zaubern.

Sortenempfehlungen

SOMMERSORTEN (150–180 cm hoch)
- 'Meeker', 'Rubaca', 'Rutrago': rote Früchte
- 'Golden Queen': gelbe Früchte

HERBSTSORTEN (100–150 cm hoch)
- 'Autumn Bliss', 'Himbo-Top': rote Früchte
- 'Fallgold': gelbe Früchte

„TWOTIMER"
- 'Sugana': rote Früchte

WEITERE ART
- Schwarze Himbeere (*Rubus occidentalis* 'Black Jewel'): schwarze, weiß bereifte Früchte in dichten Dolden, ertragreich, bedornte Triebe, „parfümartiges" Aroma

Basisknospen ca. 5 cm mit Erde bedecken, angießen. Um die Pflanzen bequem beernten zu können, ziehen Sie die Triebe an zwei bis drei waagrechten Drähten; ideal ist auch ein V-förmiges Spalier in Nord-Süd-Richtung; veranschlagen Sie einen Standraum von 1–2 m^2/Pflanze. Auf einem guten, humosen Boden genügen als Düngegabe im März Grüngutkompost (1–2 l/Pflanze) und Hornspäne (ca. 10 g/Pflanze); auf schlechteren Böden sind organische Beerendünger (Fachhandel) zu empfehlen. Himbeeren sind selbstbefruchtend, liefern aber mehr Ertrag, wenn Sie verschiedene Sorten pflanzen.

IN PFLANZGEFÄSSEN In Pflanzgefäßen lässt sich der Ausbreitungsdrang der Himbeersträucher leicht im Zaum halten. 1–3 Pflanzen in ein Gefäß (mindestens 20–25 l, und 40 cm hoch) in humose Gartenerde oder Beerenerde (Fachhandel) setzen, für Wasserabzug sorgen (Drainage), Basisknospen 5 cm mit Erde bedecken, Pflanzstab gleich mitanbringen, angießen sowie einen windgeschützten, sonnigen Standort wählen. Im Frühjahr mit Beerendünger düngen. Zum Überwintern wickeln Sie den Topf mit Noppenfolie ein und rücken ihn nah an die Hauswand.

Es darf geerntet werden!

Von Juni bis Oktober (je nach Sorte) wird geerntet: Sommersorten tragen an den zweijährigen, Herbstsorten an den einjährigen Trieben, diese beim Ernten jeweils bodennah abschneiden. Früchte für Frischverzehr, Gelee, Marmelade, Saft, Dessert, Kuchen, Bowle, Likör, Rumtopf.

Schwarzer Holunder

Fliederbeerbusch, Holder, Holler *Sambucus nigra*

Ein Holunder, vor dem „der Bauer den Hut ziehen sollte", wie man früher sagte, gehört unserer Ansicht nach in jeden Garten. Das im Mai zauberhaft blühende Wildgehölz bietet Nahrung und Lebensraum für zahlreiche Tierarten. Darüber hinaus können Blüten und Beeren zu leckeren und gesunden Erzeugnissen verarbeitet und aus dem Holz Kinderpfeifen, Röhren fürs Insektenhotel und vieles mehr gebastelt werden.

Was braucht Holunder, damit er gedeiht?

Holunder wächst gut an sonnigen/halbschattigen Plätzen auf humosen, lehmig tonigen, mittelschweren, nährstoffreichen Böden. Ausreichend feuchtes Erdreich ist von Vorteil; auf sehr trockenen Standorten bekommt er leicht Läuse, Staunässe wird jedoch nicht vertragen. Nicht umsonst wächst Holunder gerne am Kompostplatz – früher in der Nähe vom Misthaufen oder dem Häuschen mit dem Herzchen an der Tür – wo die Pflanze ausreichend Stickstoff findet. Beachten Sie, dass der Strauch schnell in die Höhe und Breite wächst; in direkter Nähe des Holunders gedeihen die meisten anderen Pflanzen schlecht. Mit regelmäßigem Rückschnitt gebieten Sie dem Ausbreitungsdrang Einhalt, wobei mehrere alte Äste bodeneben entfernt werden. Auch ein radikales Zurückschneiden wird vertragen. Ist Ihr Gartenplatz für Holunder zu nährstoffarm, lässt sich das mit regelmäßigen Kompostgaben ausgleichen.

Tipps & Tricks rund um den Holunder

Vorsicht: Der Saft der Beeren hinterlässt dauerhafte Flecken auf Kleidungsstücken! Die Samen der Beeren enthalten „Sambunigrin", das in größeren Mengen gesundheitsschädlich ist. Keine rohen Früchte essen, bei der Verarbeitung unbedingt die angegebenen Temperaturen und Kochzeiten einhalten. Verwechslungsgefahr mit giftigem Zwerg-Holunder (*Sambucus ebulus*)!

Anbau

IM GARTEN Pflanzung im März/April oder September/Oktober, gut angießen, je nach Boden regelmäßig mit Kompost versorgen. Für gemischte, frei wachsende Hecken oder einzeln, Platzbedarf ca. 4 × 4 m, oder platzsparend als einstämmiges Bäumchen mit Kronenansatz ca. in 1 m Höhe. Ohne regelmäßigen Schnitt vergreist die Pflanze schnell: Alle abgetragenen Triebe im Herbst nach der Ernte stark zurückschneiden, etwa zehn kräftige, neue Ruten stehen lassen. Alle 3–4 Jahre alte starke Äste an der Basis entfernen. Holunder können Sie leicht selbst vermehren: Einfach Steckhölzer (ca. 20 cm lange blattlose Triebe) im Spätherbst zu ¾ in die Erde stecken.

IN PFLANZGEFÄSSEN Der wuchsstarke Holunder ist für eine Topfkultur nicht geeignet, doch säulenförmig wachsende ('Black Tower': bis 250 cm, schwarzrotes Laub, rosafarbene Blüten) oder niedriger bleibende Kulturformen ('Monstrosa': bis 200 cm, gedrungener Wuchs; 'Pulverulenta': bis 100 cm, weißbuntes Laub) gedeihen auch in Pflanzgefäßen (mindestens 40 l) mit Kübelpflanzenerde (falls möglich, mit Kompost anreichern) und einem guten Wasserabzug. Regelmäßig düngen. Überwinterung: Topf mit Noppenfolie schützen.

Es darf geerntet werden!

Von Mai bis Juli Blütendolden mit Stiel zum Ausbacken in Teig, für Limonade, Sekt, Sirup ernten (oder für schweißtreibenden Erkältungstee trocknen). Im August/ September Früchte als ganze Dolde mit Stiel abschneiden, Beeren mit einer Gabel abstreifen. Für Saft, Kompott, Gelee.

Sortenempfehlungen

- 'Haschberg': großfrüchtig
- 'Black Beauty': rotbraunes Laub, rosafarbene Blüten
- 'Black Lace': rotbraunes, geschlitztes Laub, rosafarbene Blüten
- 'Laciniata': geschlitztblättrig, schwachwüchsig

WEITERE ARTEN

- *Sambucus nigra* var. *albida*: weiße Beeren ohne färbenden Saft
- *Sambucus racemosa*: Roter Holunder, rote Beeren nur entsteint und ausreichend erhitzt für Gelee, Saft verwenden

Nach den Blüten sind nun die Holunderbeeren an der Reihe.

Johannisbeere Ribisel, Träuble

Ribes nigrum (Schwarze Johannisbeere) und
Ribes rubrum (Rote/Weiße Johannisbeere)

Ohne intensiven Pflegeaufwand bringen unsere Johannisbeersträucher alljährlich eine große Menge an Früchten hervor. Wichtig ist lediglich ein regelmäßiges Auslichten im Frühjahr oder nach der Ernte, damit auch immer wieder neue Jungtriebe nachwachsen. Laub und Rinde der Schwarzen Johannisbeeren verströmen ein intensives, unverkennbares Aroma. Einige Blättchen geben wir deshalb auch gerne in die Maibowle.

Was brauchen Johannisbeeren, damit sie gedeihen?

Johannisbeeren gedeihen an sonnigen/halbschattigen Plätzen auf humosen, durchlässigen, ausreichend feuchten Böden, wobei Schwarze Johannisbeeren schattenverträglicher sind als Rote und Weiße. Die Sträucher bilden ein flach wachsendes Wurzelsystem und daher wird am besten unter den Pflanzen mit Gartenschnittgut, Laub- oder Rindenkompost gemulcht, um Wurzelkrankheiten vorzubeugen und Trockenschäden zu verhindern. Insbesondere Rote und Weiße Johannisbeeren können gut als „erntefreundliche" Hochstämmchen oder Beerenhecken (siehe Tipp) gepflanzt werden. In spätfrostgefährdeten Lagen spät blühende Sorten wählen. Leichte Vermehrung durch Steckholz: 20 cm lange, blattlose Triebstücke im Spätherbst zu 2/3 in die Erde stecken, sie sind im Frühjahr angewurzelt.

Tipps & Tricks rund um die Johannisbeere

Platzsparende Beerenhecke: Sträucher entlang von Drähten setzen, die jeweils in einer Höhe von 50, 100, 140 und 170 cm waagrecht gespannt werden. Pro Pflanze jeweils ein bis drei Triebe stehen lassen und an den Drähten befestigen. In den Folgejahren von den nachwachsenden Jungtrieben immer nur je ein bis drei Stück stehen lassen.

Anbau

IM GARTEN Die Herbstpflanzung (September/Oktober) ist von Vorteil, da die Sträucher schon zeitig im Frühjahr austreiben. Bei der Pflanzung Triebe auf ca. fünf Knospen je Trieb einkürzen, tief pflanzen (Topfballen ca. 5 cm unter Bodenoberfläche), angießen, mulchen, nicht hacken (Flachwurzler!), im Frühjahr mit Kompost versorgen. Regelmäßig schneiden: Schwarze Johannisbeeren tragen am einjährigen Holz; ca. acht Triebe werden um 1/3 gekürzt, der Rest über dem Boden abgeschnitten. Rote/Weiße Johannisbeeren tragen am zwei- bis dreijährigen Holz; drei bis vier davon bleiben stehen, alle älteren Triebe werden bodeneben entfernt.

IN PFLANZGEFÄSSEN Johannisbeeren gedeihen auch in Pflanzgefäßen; diese sollten mindestens 50–60 cm Durchmesser haben (Flachwurzler!). In Gartenerde-Kompost-Mischung (2:1) oder Beerenerde (Fachhandel) setzen, für Wasserabzug sorgen (Drainage), angießen. Im Frühjahr mit Beerendünger düngen, etwa alle 2 Jahre Erde austauschen soweit möglich, regelmäßig schneiden. Johannisbeeren sind teilweise selbstbefruchtend, tragen aber mehr Früchte, wenn mindestens zwei Sorten gepflanzt werden. Zum Überwintern Topf mit Noppenfolie einwickeln und nah an die Hauswand rücken.

Es darf geerntet werden!

Von Juni bis August Beeren als ganze „Trauben" mit Stielen ernten. Frisch als Naschobst, für Gelee, Marmelade, Saft, Rote Grütze, Kuchenbelag (vor allem Rote/Weiße Sorten), Schwarze Johannisbeeren besonders Vitamin-C-reich, Weiße Johannisbeeren deutlich milder und süßer als Rote und Schwarze.

Die langtraubige Johannisbeere 'Jonkheer van Tets' ist gut zu ernten.

Sortenempfehlungen

SCHWARZE JOHANNISBEEREN
- 'Titania': ertragreich, starkwüchsig, mittelfrüh, sehr robust
- 'Ometa': gesund, spät

ROTE JOHANNISBEEREN
- 'Jonkheer van Tets': langtraubig, starkwüchsig, früh
- 'Rovada': ertragreich, mittelstark wachsend, spät

WEISSE JOHANNISBEEREN
- 'Rosa Sport': mittellange Trauben, hell rosafarbene Früchte, mittelfrüh
- 'Weiße Versailler': aromatisch, süßsäuerlich, mittelfrüh

Kirsche

Prunus avium (Süßkirsche) und *Prunus cerasus* (Sauerkirsche)

Süßkirschen wachsen größtenteils auf starkwüchsigen, hoch und breit werdenden Bäumen – wer auf wenig Platz dennoch Kirschen ernten möchte, muss Bäume auf einer schwach wachsenden Unterlage ('GiSelA 5'), Säulen, Spaliere oder doch lieber eine weniger stark wachsende Sauerkirsche pflanzen. Lecker sind sowohl Süß- als auch Sauerkirschen und sie lassen sich zu fabelhaften kulinarischen Produkten verarbeiten.

Im Juli/August versprechen die Sauerkirschen reichliche Ernte.

Tipps & Tricks rund um die Kirsche

Bei den Süßkirschen werden nach Beschaffenheit der Früchte knackige „Knorpelkirschen" (z. B. 'Stella') und weiche "Herzkirschen" (z. B. 'Summit') unterschieden. Knorpelkirschen platzen bei viel Regen leichter auf als Herzkirschen. Das Fruchtfleisch der Sauerkirschen hingegen ist eher weich, daher sind sie weitgehend platzfest.

Was brauchen Kirschen, damit sie gedeihen?

Süßkirschen lieben sonnige Plätze und lehmig humose, durchlässige, tiefgründige Böden, die nicht staunass sein sollten; mit nassen, kalten und verdichteten Böden kommen sie nicht zurecht, was zum Kümmern und Kränkeln der Bäume führt. Vermeiden Sie wegen der frühen Blüte spätfrostgefährdete Standorte. Auch Sauerkirschen mögen es sonnig und warm, sind hinsichtlich des Bodens jedoch etwas anspruchsloser. Sie gedeihen gut auf durchlässigen, lehmig humosen Böden, vertragen keine Staunässe, kommen aber auch auf leichten Sandböden klar, da sie trockenheitsverträglicher sind. Am robustesten sind Bäume auf der mittelstark wachsenden Unterlage 'Piku 1'.

Anbau

IM GARTEN Eine Herbstpflanzung ist vorteilhaft. Bei der Wahl des Standortes sollten Sie bei der Süßkirsche auf eine geeignete Pollenspendersorte im Umkreis (ca. 50 m) achten; da Sauerkirschen weitestgehend selbstfruchtbar sind, spielt bei ihnen eine Bestäubersorte keine nennenswerte Rolle. Pflanzloch ausheben, Pflanze eventuell mit Pfahl einsetzen, Erde auffüllen und festtreten. Nach der Pflanzung die Bäume gut angießen sowie Kompost (2–3 l/m²) auf der Baumscheibe verteilen. Die Blüte und das Holz von Süßkirschen sind spätfrostempfindlich, weshalb es ratsam ist, die Stämme im Winter zu kalken (siehe auch Seite 122/123) und in Frostlagen spät blühende Sorten zu wählen. Sauerkirschen hingegen sind ausgesprochen frosthart. Fachgerechten Pflanzschnitt brauchen beide Kirscharten; Süßkirschen sollten außerdem regelmäßig nach der Ernte ausgelichtet werden. Sauerkirschen fruchten überwiegend am einjährigen Holz, daher Fruchttriebe gleich nach der Ernte auf wenige Knospen einkürzen oder auf einen neuen Seitenzweig „ableiten“.

IN PFLANZGEFÄSSEN Für einen dauerhaften Anbau im Kübel (mindestens 30 l) mit humoser Gartenerde und einer zuverlässigen Drainage eigenen sich Süß- und Sauerkirschen in erster Linie als Säulenform. Beim Einpflanzen darauf achten, dass die Veredelungsstelle nicht mit Erde bedeckt wird. Die Bäumchen ein- bis zweimal jährlich mit einem Obstvolldünger (Fachhandel) düngen, wobei die letzte Düngung nicht später als Mitte August erfolgen sollte.

Es darf geerntet werden!

Kirschen sind reif, sobald sich die Stiele leicht vom Zweig lösen. Süßkirschen von Mai bis Juli pflücken; für Frischverzehr, Gelee, Kuchen, Saft. Sauerkirschen im Juli/August pflücken; für Frischverzehr, Gelee, Kuchen (Schwarzwälder Kirschtorte!), Saft, Rote Grütze, Likör, Wein.

Sortenempfehlungen

SÜSSKIRSCHEN
- 'Burlat': früh, deshalb „madenfrei“, starkwüchsig
- 'Celeste': früh, deshalb „madenfrei“, auch als Busch oder Säule
- 'Summit': mittelspät, große Früchte, kompakter Wuchs
- 'Stella': mittelspät, selbstfruchtbar, große, saftige Früchte, auch als Busch oder Säule

SAUERKIRSCHEN
- 'Safir': mittelspät, ertragreich
- 'Karneol': süßsaure große Früchte, spät
- 'Jachim': spät, auch als Säule

Stachelbeere Klosterbeere, Kräuselbeere *Ribes uva-crispa*

Die Stachelbeeren in unserem Garten stehen hinterm Kompost – ein Platz, der ihnen behagt, denn sie wachsen prächtig, sind kerngesund und liefern Jahr für Jahr reiche Ernte. Obwohl die süßsauren Beeren wegen der Stacheln nicht ganz leicht zu pflücken sind, nehmen wir das gerne in Kauf, denn sowohl frisch vom Strauch als auch in Form von Marmelade gehören die kleinen Vitaminbomben zu unseren Favoriten.

Was brauchen Stachelbeeren, damit sie gedeihen?

Stachelbeeren lieben humose, lehmige, durchlässige, nährstoffreiche und nicht zu trockene Böden. Sie vertragen sowohl Sonne als auch leichten Schatten, ein prallsonniger Standort birgt hingegen die Gefahr von Sonnenbrand an den Früchten. Auf Trockenheit reagieren die flach wachsenden Sträucher empfindlich, bilden z. B. nur sehr kleine Früchte, neigen zu vorzeitigem Fruchtfall oder auch zum Platzen der Früchte, weshalb eine Mulchschicht und Gießen bei hochsommerlicher Hitze ratsam sind. Vorsicht ist in spätfrostgefährdeten Gebieten geboten, da Stachelbeeren sehr zeitig blühen (ab April) und ihre frühen Blüten bei Frost Schaden nehmen könnten. Manche Sorten neigen zu Stachelbeermehltaubefall: Befallene Pflanzen im Frühjahr/Herbst radikal weit ins gesunde Holz zurückschneiden – oder mehltauresistente Sorten pflanzen!

Tipps & Tricks rund um die Stachelbeere

Stachelbeeren fruchten vor allem an den einjährigen Seitentrieben älterer Triebe. Im März oder nach der Ernte regelmäßig etwa vier bis fünf kräftige Triebe stehen lassen und um ca. 1/3 einkürzen; die restlichen alten Triebe bodeneben zurückschneiden.

Anbau

IM GARTEN Pflanzung am besten im September/Oktober, da die Sträucher schon zeitig im Frühjahr austreiben und blühen. Boden

Etwas süßer als grüne und gelbe Stachelbeeren sind rote Sorten.

Sortenempfehlungen

WEISSE/GRÜNE STACHELBEEREN

- 'Invicta': aromatisch, ertragreich, mittelspät
- 'Reflamba': starkwüchsig, spät

GELBE STACHELBEEREN

- 'Risulfa': aromatisch, früh
- 'Rixanta': aromatisch, spät

ROTE STACHELBEEREN

- 'Remarka': groß, aromatisch, mittelfrüh
- 'Xenia': groß, wenig bestachelt, schwachwüchsig mittelspät
- 'Pax': starkwüchsig, wenig bestachelt, früh
- 'Rolonda': ertragreich, wenig bestachelt, spät

tiefgründig lockern, Triebe auf etwa fünf Knospen je Trieb einkürzen, einen Standraum von ca. 1,5–2 m^2/Pflanze veranschlagen, angießen, mulchen, nicht hacken (Flachwurzler!), Kompostgabe im Frühjahr. Alternativ platzsparend als Hochstämmchen oder 1- bis 3-triebige Hecke pflanzen. Teilweise selbstbefruchtend, aber ertragreicher, wenn mindestens zwei Sorten gepflanzt werden. Vermehrung durch Steckholz: Im Spätherbst (nach dem Blattfall) werden von einjährigen, gut verholzten Trieben ca. 20 cm lange Stücke geschnitten und in die Erde gesteckt. Bis zum Frühjahr haben sie Wurzeln gebildet.

IN PFLANZGEFÄSSEN Stachelbeeren lassen sich auch problemlos auf Balkon/Terrasse im Topf oder Kübel (30–50 l) ziehen. In humose Gartenerde oder Beerenerde (Fachhandel) pflanzen, für genügend Feuchtigkeit (Mulchschicht) und ausreichenden Wasserabfluss (Drainage) im Topf sorgen; wenn möglich, zwei verschiedene Sorten pflanzen. Im Frühjahr mit Beerendünger düngen. Zum Überwintern Topf mit Noppenfolie einwickeln und nah an die Hauswand rücken. Frühe Blüte bei Spätfrostgefahr mit Gärtnervlies schützen.

Es darf geerntet werden!

Von Mitte bis Ende Mai können erste, halbreife Beeren zum Einkochen geerntet werden; sie sind dann weniger sauer und benötigen weniger Zucker beim Einkochen. Im Juni/Juli reife Beeren für Frischverzehr, Marmelade, Kompott, Kuchenbelag, Wein.

Tafelrebe Tafeltraube

Vitis vinifera

Eigene Weintrauben ernten – das vermittelt uns immer ein Gefühl vom Urlaub im sonnigen Süden! Hat man einen geschützten, warmen Platz für den Rebstock, ist eine üppige eigene Ernte auch schon bald in Sicht. Denn hinsichtlich des Bodens sind die Pflanzen anspruchslos und wenn Sie geeignete Sorten setzen, langlebige Obstgehölze, die außerdem bei Bedarf auch als grüner Sichtschutz fungieren.

Was brauchen Tafelreben, damit sie gedeihen?

Als Obstgehölz, das unter anderem im Mittelmeerraum beheimatet ist, lieben Tafelreben vollsonnige, warme, (wind-)geschützte Standorte und durchlässige, humose, nährstoffreiche Böden, die weder staunass noch extrem trocken sein sollten. In kühleren Regionen auf jeden Fall einen geschützten Standort wählen, wo die Pflanzen möglichst viel Mittags- und Nachmittagssonne bekommen, z. B. vor einer nach Süden exponierten Hauswand, damit die Trauben auch ausreifen können. Häufeln Sie dort auch vor dem Frostbeginn die Stammbasis locker mit Erde oder Kompost an, den Sie im März wieder entfernen, dann erhält Ihre Weinrebe den bestmöglichsten Schutz. In spätfrostgefährdeten Lagen keine früh blühenden Sorten pflanzen! Die Kletterpflanzen benötigen in jedem Fall eine Rankhilfe, etwa in Form eines Spaliers.

Tipps & Tricks rund um die Tafelrebe

Pflanzen Sie pilzfeste Sorten, um einem Befall mit Echtem oder Falschem Mehltau und Grauschimmel vorzubeugen. Die „resistenten“ Sorten sind allerdings nicht völlig immun; ist der Sommer besonders nass und kühl, kann es dennoch zu einem Befall kommen. Zur Vorbeugung Tafelreben regengeschützt pflanzen oder zu üppiges Blattwerk ausdünnen.

Anbau

IM GARTEN Späte Frühjahrspflanzung (April) ratsam, ausreichend Platz zu beiden Seiten der Pflanze veranschlagen, Boden tiefgründig lockern, Pflanzloch ausheben, Pflanze schräg zum Spalier bzw. zur Wand hin einpflanzen, Veredlungsstelle ca. 3–4 cm über Bodenniveau, Erde auffüllen, angießen. Zwei bis drei kräftige Triebe belassen, diese jeweils auf zwei bis drei Augen kürzen. Als frei stehendes Spalier oder Wandspalier in Süd-, Südost- oder Südwestausrichtung, (mindestens 20 cm Abstand von Wänden und Mauern). Kompostgabe im Frühjahr (2–3 l/m²), mulchen. Im Juli nicht tragende Triebe und Laub kürzen, damit Früchte ausreichend besonnt werden, eventuell Früchte mit Netzen vor Vogelfraß schützen. Regelmäßig im Februar/März Triebe auf zwei bis vier Augen/Trieb kürzen und nach dem Austreiben waagrecht oder fächerförmig an Drähte heften.

IN PFLANZGEFÄSSEN Tafelreben lassen sich auch als Kübelpflanzen ziehen. Pflanzgefäß groß genug wählen (mindestens 30 l) und für guten Wasserabzug sorgen. Als Substrat eignet sich eine Mischung aus hochwertiger Kübelpflanzenerde mit einem Teil Blähton (2:1). Die bei uns erhältlichen Sorten sind selbstbefruchtend, weshalb auch Einzelpflanzen zuverlässig Früchte tragen. Zum Überwintern Topf und Stamm der Rebe mit Noppenfolie und Vlies schützen.

Es darf geerntet werden!

Ab dem etwa 3. Standjahr der Weinrebe dürfen Sie sich von August bis Oktober, je nach Sorte, über eine Ernte freuen. Die reifen Früchte eignen sich zum Frischverzehr oder zur Herstellung von Kuchen, Gelee, Saft und Wein.

Sortenempfehlungen

BLAUE TRAUBEN
- 'Regent': mittelgroße Trauben, auch für rauere Lagen
- 'Muscat Bleu': fast kernlos, auch für rauere Lagen

WEISSE TRAUBEN
- 'Zala Gyöngye': aromatisch, robust

ROTE TRAUBEN
- 'Piroschka': „Chamäleon-Traube“, Beeren verfärben von Rot nach Grün und Rosafarben

GELBE TRAUBEN
- 'Lakemont': kernlos, besonders langtraubig
- 'Phoenix': starkwüchsig, ertragreich

Alle hier genannten Sorten gelten als pilzfest.

Mit der letzten Ernte später Tafeltrauben können Sie sich sogar Zeit lassen, bis sich das Laub gelb färbt.

Zitrone Limone

Citrus × limon

Einen Hauch von Süden im eigenen Garten – ein Zitronenbaum im Kübel macht's möglich! Etwas Pflege und Zuwendung belohnt das mediterrane Gewächs mit glänzend immergrünem Laub, duftender Blütenpracht und aromatischen Zitronenfrüchten. Wir ernten nahezu das ganze Jahr über reichlich eigene Früchte, wobei sich der Pflegeaufwand aufs Rein- und Raustragen vor bzw. nach der Überwinterung beschränkt!

Was brauchen Zitronen, damit sie gedeihen?

Zitronenbäume lieben helle, sonnige, regen- und windgeschützten Plätze. Nach Süden ausgerichtete Balkone und Terrassen sind ideal. Gegossen wird, sobald die obersten 3–4 cm der Erde im Topf vollständig trocken sind. Lieber seltener und dafür durchdringend gießen. Überschüssiges Gießwasser, welches noch nach ca. 1 Stunde im Untersetzer steht, wegschütten. Kalkhaltiges Leitungswasser ist nicht schädlich, wie früher angenommen wurde; idealerweise verwenden Sie es abwechselnd mit Regenwasser, sofern vorhanden. Überwintern müssen Zitronenbäume im Haus.

Tipps & Tricks rund um die Zitrone

Regelmäßiger Rückschnitt im Februar/März. Es sollte eine lockere, gleichmäßige Krone aufgebaut werden. Zweige, die Früchte getragen haben, etwa um ½ zurückschneiden, damit sich neues Fruchtholz bildet. Übrigens: Ein Zitronenbäumchen lässt sich leicht aus einem Kern ziehen – leider tragen diese Pflanzen so gut wie keine Früchte!

Anbau

IM GARTEN Die aus dem Mittelmeerraum stammenden Zitronenbäume sind bei uns im Freien nicht winterhart. Den Sommer über (ab April/Mai) können Sie einen Zitronenbaum samt Kübel jedoch an einem geschützten, sonnigen Platz in einem Beet im Garten eingraben. Diese „Sommerfrische" tut der Pflanze gut. Vor den ersten Frösten, sobald die Temperatur nachts auf ca. 3 °C sinkt, wird die Zitrone ins Winterquartier umgezogen. Geeignet ist ein nicht zu heller Raum bei einer Temperatur von 5–13 °C; in ausgesprochen lufttrockenen Räumen Pflanze gelegentlich mit Wasser besprühen. Verliert die Zitrone im Winterquartier einige Blätter, ist das unbedenklich; bei auffallend starkem Blattabwurf unbedingt für ausreichende Luftfeuchtigkeit sorgen. Über den Winter nur mäßig gießen; je dunkler die Pflanze steht, umso weniger. Im Frühjahr Pflanze erst langsam wieder an vollsonnigen Standort gewöhnen.

IN PFLANZGEFÄSSEN Als Substrat eignet sich spezielle Zitruserde aus dem Fachhandel. Sie können auch eine hochwertige torffreie Kübelpflanzenerde mit Blähton, Lavagrus oder grobem Kies vermischen (2:1) – wichtig ist eine gute Wasserdurchlässigkeit. Helle Kunststofftöpfe mit einem guten Wasserabzug haben sich bewährt. Jungpflanzen werden im Frühjahr vor dem Austrieb etwa alle 2, ältere Pflanzen etwa alle 4 Jahre in etwas größere Gefäße umgetopft. Hat der Topf die maximale handhabbare Größe erreicht, wird nur noch frische Erde aufgefüllt. Ab dem Austrieb im Frühjahr bis Ende August ca. alle 2 Wochen mit Zitrusdünger (Fachhandel; sollte Eisen enthalten) düngen.

Es darf geerntet werden!

Zitronenfrüchte sind reif, wenn sie nicht mehr wachsen und ihre sortentypische Ausfärbung zeigen – bei einer Kultur als Kübelpflanze ist das ganzjährig der Fall.

Sortenempfehlungen

- 'Meyer': kleinfrüchtig, aromatisch, wenig sauer, reichtragend, kompakter Wuchs, kaum bedornt
- 'Femminello': Früchte rund, wenig sauer, starkwüchsig, ausladender Wuchs, harte Dornen
- 'Lunario': Früchte länglich, groß, aromatisch süßsauer, kompakter Wuchs, wenige aber spitze Dornen
- 'Rosso': Früchte rund bis länglich, Schale und Fruchtfleisch orangerot, wenig bedornt

Sogar ein Zitronenbäumchen im Kübel kann viele Früchte produzieren.

Zwetschge Quetsche, Zwetsche *Prunus domestica* subsp. *domestica*

Zwetschgen sind das ideale Naschobst; im Vorbeigehen kann man sich schnell ein paar der zuckersüßen Früchte schmecken lassen. Wir genießen sie gerne als herrlichen Zwetschgenkuchen und aromatisches Zwetschgenmus – beides begehrte „Highligths" in unserer Küche. Wegen ihres gut steinlösenden Fleisches bevorzugen wir die Zwetschge: Im Gegensatz zur nah verwandten Pflaume ist sie besser zu verarbeiten.

Die helle Wachsschicht ist ein Anzeichen für die Frische der Früchte.

Tipps & Tricks rund um die Zwetschge

Im Gegensatz zur großen, runden Pflaume ist die Zwetschge kleiner, länglich und zuweilen „bereift", d. h. von einer hellen Wachsschicht überzogen. Die gelben, rot- oder blauvioletten, saftigen Pflaumen haben immer eine „Naht", eine seitliche Längskerbe. Die blauen Zwetschgen sind „nahtlos"; ihr Fleisch ist meist fest und gut steinlösend.

Was brauchen Zwetschgen, damit sie gedeihen?

Zwetschgen wachsen gut an (wind-)geschützten, sonnigen bis halbschattigen, warmen Gartenplätzen. Ideal ist ein nährstoffreicher, humoser, lehmig sandiger, durchlässiger Boden, doch auch feuchtere und etwas schwerere Böden werden vertragen. Während längerer Trockenzeiten sind die Bäume für eine Bewässerung dankbar. Pflaumenwickler, eine Schmetterlingsart, können einem den Appetit an den Zwetschgen gehörig verderben, da sich deren Raupen in der Frucht entwickeln. Lockstoff-Fallen, die ab Mitte Mai in die Bäume gehängt werden, diagnostizieren die Befallsstärke, bekämpfen die Tiere aber nicht. Sammeln Sie daher Ende Mai/Anfang Juni die von der ersten Faltergeneration befallenen Früchte auf und entsorgen sie (Biotonne), dann hält sich der Befall durch die zweite Generation 4–6 Wochen später meist deutlich in Grenzen. Oder ab Ende Juni Obstmadenfanggürtel aus Wellpappe in etwa 1 m Höhe am Stamm anbringen. Die Raupen verstecken sich dort und können ab Anfang August bis zum Ende der Ernte abgesammelt werden.

Anbau

IM GARTEN Pflanzung im März/April oder Oktober/November. Pflanzloch ausheben, Pflanze eventuell mit Pfahl einsetzen, Erde auffüllen und festtreten, angießen. Pflanzschnitt im Frühjahr nach der Pflanzung: Grundgerüst mit Stammverlängerung und 4 Leitästen um den Stamm herum, die jeweils um 1/3 eingekürzt werden. Fachgerechter Pflanzschnitt und gelegentlicher Verjüngungsschnitt sind ratsam. Viele Sorten sind selbstbefruchtend; auch Schlehen können als Pollenspender dienen.

IN PFLANZGEFÄSSEN Können Sie einen Zwetschgenbaum nur als Kübelpflanze halten, ist es ratsam, eine säulenförmig wachsende Sorte zu wählen. In Pflanzgefäß (mindestens 30 l) mit ausreichend Wasserabzug in eine Mischung aus humoser Gartenerde, Sand, Kompost (2:1:1) setzen, angießen. Im Frühjahr mit organischem oder mineralischem Langzeitdünger (Fachhandel) düngen. Überwintern: Topf auf Styroporplatte stellen, mit Noppenfolie einpacken; Baum vor intensiver Wintersonne mit Bastmatte schützen.

Es darf geerntet werden!

Von Juli bis Oktober ist Erntezeit. Manche Frühsorten sind nur wenige Tage haltbar, müssen zügig geerntet werden und sind meist nur zum Frischverzehr geeignet. Früchte einzeln mit Stiel pflücken oder abschütteln. Für Frischverzehr, Kuchen, Kompott, Marmelade, Zwetschgenmus, Dörrobst, Saft.

Sortenempfehlungen

- 'Katinka': reif ab Juli, süß, zum Backen und für Desserts, resistent gegenüber Scharkavirus
- 'Hauszwetschge': reif im September, ertragreich, oval, süß, ideal für jede Verwendung, selbstfruchtbar, mittel-/starkwüchsig
- 'Hanita': reif ab August, sehr groß, ertragreich, auch für kühlere Lagen, resistent gegenüber Scharkavirus
- 'Liane': Säulenform, reif ab August, mittelgroß, saftig, gut steinlösend

Gut gepflegt wächst besser

Lernen Sie einige wichtige Pflegemaßnahmen im Hausgarten kennen, damit Gemüse, Kräuter und Obst gut gedeihen. „Gewusst wie“ geht Ihnen Gießen, Mulchen, Düngen leicht von der Hand und fördert die Pflanzengesundheit.

Grundlage des Gärtnerns: Boden

Die Grundlage allen Pflanzenwachstums im Garten ist der Boden. Egal, ob Gemüsepflanzen, Küchenkräuter oder Obstbäume – sie alle brauchen eine geeignete Bodenbeschaffenheit für ein optimales Gedeihen.

Die meisten unserer Gartenböden bestehen aus lehmigen, tonigen und sandigen Bestandteilen. Je nachdem, welche Komponente jeweils vorherrscht, lässt sich der Boden schwer oder leicht bearbeiten, muss viel oder wenig gegossen und gedüngt werden. Die Art des Bodens wird vom Gestein oder Ausgangsmaterial bestimmt, aus dem er entstanden ist und beeinflusst unter anderem die Nährstoffverfügbarkeit. In sehr leichten Böden werden Nährstoffe stark ausgewaschen, d. h. selbst wenn Sie regelmäßig düngen, gelangen nur wenig Nährstoffe an die Pflanzen. In anderen Bodenarten werden die Nährstoffe festgelegt und können ebenso wenig von den Pflanzen aufgenommen werden. Daher ist zu Beginn des Gärtnerns eine sogenannte Bodenprobe sinnvoll. Diese können Sie an verschiedene Facheinrichtungen schicken und untersuchen lassen (siehe Seite 140). Dort werden mögliche Nährstoffdefizite bzw. -überschüsse Ihres Gartenbodens erfasst.

Unterschiedliche Bodenarten

Sandige Böden sind locker, durchlässig, gut zu bearbeiten, erwärmen sich schnell und müssen selten oder gar nicht umgegraben werden. Sie verfügen über keine hohe Wasserspeicherfähigkeit, Dünger und Nährstoffe werden rasch wieder ausgewaschen. Ausgesprochen sandige Böden sind mager und nährstoffarm; eignen sich gut für den Anbau vieler Kräuter. Lehmige Gartenböden sind nährstoffreich, leicht feucht, mittelschwer; durch ihren hohen Lehmanteil sind Wasser und Nährstoffe gut verfügbar. Sie erwärmen sich leicht und sind meist gut zu bearbeiten. Nach längeren Regenperioden oder ausgesprochen feuchten Wintern brauchen sie länger als sandige Böden, bis sie abtrocknen und sich gut bearbeiten lassen. Lehmige Böden kann man gelegentlich umgraben; Gemüse, Kräuter, Obst gedeihen dort bestens. Böden mit hohem Tonanteil speichern Nährstoffe und Wasser gut, geben beides aber nur langsam an die Pflanzen ab. Tonböden sind daher auch häufig feucht oder nass; im ungünstigsten Fall entsteht Staunässe. Schwere Böden trocknen im Frühjahr nur langsam ab und es dauert lange, bis man sie gut bearbeiten kann. Sie erwärmen sich nur langsam und sind für die Pflanzenwurzeln häufig schwer zu durchdringen. Ohne bodenverbessernde Maßnahmen lassen sich tonhaltige Böden kaum für den Anbau von Gemüse, Kräutern oder Obst nutzen.

Welchen Boden habe ich?

Zur ersten Einschätzung Ihres Gartenbodens dient ein einfacher Test: Nehmen Sie eine Handvoll Erde und drücken sie zusammen. Halten Sie, wenn Sie die Hand wieder öffnen, einen Erdklumpen in Ihrer Handfläche, handelt es sich um einen Boden mit einem durchschnittlichen Lehmanteil – den idealen Gartenboden! Können Sie aus dem Klumpen eine feste, formstabile Rolle formen, ist er besonders lehm- und tonhaltig und eher schwer. Durch Untermischen von Sand, Kalk und kiesiges Material kann er aufgelockert werden. Wenn beim Öffnen Ihrer Hand die Erde sofort wieder auseinanderfällt, haben Sie einen sehr sandigen und leichten Boden mit einem nur geringen Lehmanteil. Er lässt sich durch Zugabe von grobem, organischem Material, wie Kompost, Steinmehl, lehmige Erde verbessern.

Welches Substrat für Topfgemüse?

Für Aussaaten immer ein ungedüngtes Anzucht- oder Aussaatsubstrat aus dem Fachhandel verwenden. Für die weitere Pflanzenanzucht eignet sich möglichst torffreie Gemüseerde. Diese ist meist mit grobem oder porösem Material durchsetzt, damit sie luftig bleibt und nicht verschlämmt. Alternativ kann eine Mischung aus Gartenerde, Sand und gut verrottetem Kompost (8:1:1) selbst hergestellt werden. Die meisten Kräuter gedeihen gut in eher magerer Kräutererde.

Richtig gießen, mulchen, hacken

Werden die üblichen Kulturarbeiten wie Gießen, Mulchen, Hacken richtig bzw. zum optimalen Zeitpunkt ausgeführt, erspart das oft eine Menge Arbeit, Zeit und Gießwasser und die Pflanzen gedeihen umso besser.

Pflanzen wachsen besser in einem lockeren Boden: Er verfügt über ausreichend Luft, was für ein gesundes Wurzelwachstum wichtig ist, nimmt Regen- und Gießwasser besser auf und speichert dieses, damit es den Pflanzen zur Verfügung steht. Für einen Gartenboden, der weder zu schwer und fest noch zu leicht und locker ist, ist Auflockern mit einer Grabegabel zu Beginn der Pflanzsaison ausreichend – er muss nicht umgegraben werden. So schonen Sie Bodenstruktur und Bodenleben, welche bei einer tiefen Bodenbearbeitung meist in Mitleidenschaft gezogen werden. Umgraben ist bei sehr schweren Böden sinnvoll; bei sehr leichten Böden wird das einzubringende Bodenverbesserungsmaterial am besten locker untergehoben. Damit auch während des Anbaus von Gemüse und Kräutern möglichst wenig Bodenfeuchtigkeit aus der Tiefe nach oben dringt und verdunstet, empfiehlt sich regelmäßiges flaches Hacken. „Einmal hacken spart dreimal gießen!“

Richtig gießen – so geht's

Am besten in den kühlen Morgenstunden gießen, nie während der heißen und sonnigen Zeit, sonst verdunstet ein Großteil des Wassers nutzlos. Wird morgens gegossen, bleiben außerdem Boden und Pflanzenbestand während der kühlen Nachtstunden trocken – das beugt Pilzbefall vor und lockt weniger Schnecken an. Wässern Sie gezielt nur einzelne Pflanzen, anstatt den ganzen Bestand großflächig zu überbrausen. Das spart Wasser und Schadpilze haben wenig Chancen. Gießen Sie möglichst gründlich und durchdringend und weniger oft – auch Kräuter und Gemüse in Pflanzgefäßen – damit auch tiefere Bodenschichten gut durchfeuchtet sind. Es muss nicht jeden Tag gegossen werden, sondern erst, wenn die Erde in ca. 15 cm Tiefe trocken ist. Garten- und vor allem Topfpflanzen werden so dazu „erzogen", tiefreichende Wurzeln zu bilden, die auch an tiefere Wasserreserven im Boden/Topf gelangen. Überschüssiges Wasser, das sich im Untersetzer von Pflanzgefäßen sammelt, nach einer halben Stunde wieder abgießen. So beugen Sie Staunässe und Wurzelfäulnis vor. Lassen Topfkräuter und -gemüse die Blätter hängen, ist das ein erstes Alarmsignal! Ist bereits ein deutlicher Spalt zwischen Topfrand und Wurzelballen zu sehen, ist die Erde rissig und ist der Topf beim Anheben auffallend leicht, dann heißt es: Wasser marsch! Kleinere Gefäße am besten in einem mit Wasser gefüllten Eimer so lange unter Wasser drücken, bis keine Luftblasen mehr aufsteigen. Frisch gepflanzte Obstbäume und -sträucher intensiv wässern, bis sie zuverlässig angewachsen sind.

Mulchen – gewusst wie!

Wird die Erde zwischen den Pflanzen mit einer 2–3 cm hohen Mulchschicht bedeckt, kann sich darunter ein krümeliger, fruchtbarer Boden entwickeln und nützliche Bodenlebewesen finden optimale Lebensbedingungen. Mulch schützt den Boden vor Verschlämmung bei heftigen Niederschlägen, vor starker Austrocknung bei Hitze und hilft, Gießwasser zu sparen. Außerdem liefert das organische Mulchmaterial wertvolle Nährstoffe für die Kulturpflanzen. Als Mulch eignen sich z. B. Grasschnitt, samenlose Unkräuter, Heu, Stroh, Laub, halb verrotteter Kompost. Rindenmulch gehört nicht in den Gemüse-/Kräutergarten; höchstens unter Obstgehölze. Rasenschnittgut erst gut antrocknen lassen, bevor Sie es als Mulch verwenden.

Darauf sollten Sie beim Mulchen achten

Haben Sie ein Schnecken- oder Wühlmausproblem, bringen Sie Mulchmaterial nur dünn aus – dafür aber öfter. Immer, wenn der Boden nicht mehr vollständig bedeckt ist, sollte die Mulchschicht erneuert werden. Einen zusätzlichen Vorteil bringt Mulch bei bodennahem Obst oder Gemüse, wie Erdbeeren, Kürbis oder Zucchini: Das Erntegut bleibt durch die schützende Schicht auch bei heftigen Regengüssen appetitlich sauber und wird weniger schnell zur Beute von Schnecke & Co.

„Futter“ für die Pflanzen

Alle Grünpflanzen benötigen für Wachstum von Blättern und Trieben, zum Blühen und zur Bildung von Samen und Früchten verschiedene Nährstoffe in einem ausgewogenen Verhältnis, welche sie über die Wurzeln aufnehmen.

Die wichtigsten Pflanzennährstoffe sind Stickstoff (N), Phosphor (P), Calcium (Ca) und Magnesium (Mg); daneben gibt es noch Spurennährstoffe, wie Eisen, Kupfer, Zink, Bor. Nährstoffe können sowohl in Form anorganischer (mineralischer) als auch organischer Düngemittel verabreicht werden. Organische Dünger sind natürlichen Ursprungs, wie Stallmist, Kompost, pflanzliches Mulchmaterial und Fertigprodukte wie Horn-, Knochen- Blutmehl oder Guano. Sie wirken langsam, aber langanhaltend. Chemisch hergestellte, anorganische oder mineralische Dünger sind schnellwirksam, können aber im Boden ausgewaschen und leicht überdosiert werden. Meist sind es Mehrnährstoffdünger, die die Hauptnährstoffe in einem ausgewogenen und festgelegten Verhältnis enthalten. Verwenden Sie im Haus- und Küchengarten möglichst wenig Mineraldünger und stattdessen Kompost, Mulch und andere organische Düngemittel. Das ist preiswert und schont die Umwelt!

Düngen mit Maß und System

Ohne Düngung wachsen viele Gemüsekulturen schlecht oder bringen nicht den erwarteten Ernteerfolg. Das gilt vor allem für Gemüse mit einer langen Kulturdauer, wie z. B. Kohl. Andererseits ist ein „Zuviel" an Dünger auch nachteilig: Entweder bilden die Pflanzen Blattmasse anstatt der erhofften Früchte oder das Pflanzengewebe wird weich und schädlingsanfällig. Von den ungünstigen Auswirkungen einer Überdüngung auf das Bodenleben ganz zu schweigen! Beachten Sie daher beim Düngen einige Grundregeln. Gedüngt wird vom Frühjahr bis zum Spätsommer. Im Frühjahr empfiehlt sich oft eine vorbereitende Versorgung der Beete mit Kompost oder einem anderen organischen Dünger, ca. 3–4 Wochen bevor die Gemüsepflanzen gesetzt werden. Dann haben die Bodenorganismen ausreichend Zeit, das organische Material für die Pflanzen „aufzubereiten". Ab Mitte/Ende August ist Schluss mit Düngen; die Kulturen, die dann noch auf den Beeten stehen sind entweder bald erntereif oder es handelt sich um Wintergemüse, bei dem eine weitere Düngung zu Lasten von Frosthärte und Ausreife gehen würde. Bringen Sie Dünger nur an leicht bedeckten Tagen und auf feuchten Boden aus. Düngen Sie immer bedarfsgerecht und informieren Sie sich über die Bedürfnisse Ihrer Pflanzen und den Zustand Ihres Bodens, z. B. unter Zuhilfenahme einer Bodenuntersuchung. Beachten Sie stets die Angaben auf den Dünger-Packungen. Empfehlenswert sind organische kalibetonte Spezialdünger mit Langzeitwirkung für Fruchtgemüse wie Tomaten, Zucchini, Paprika, Kürbisse.

„Braunes Gold" – Kompost

Ein qualitativ hochwertiger Kompost ist eines der wirksamsten und preisgünstigsten Düngemittel im Küchengarten. Kompost entsteht aus grobem organischem Material, das bodenbewohnende Kleinstlebewesen und Mikroorganismen in feinen Humus verwandeln. Der Komposthaufen sollte dazu Kontakt zum lebenden Boden haben; als „Starthilfe" können ein paar Handvoll eines reifen Komposthaufens dienen. Kompostiert werden Gartenabfälle (keine kranken Pflanzenteile!), rohe Küchenabfälle, getrockneter Rasenschnitt, Laub, Baum- und Strauchschnitt, Mist von Kleintieren. Nach etwa 12–15 Monaten Kompostierung und einmal Umsetzen entsteht verrotteter, reifer Kompost, der dunkelbraun und krümelig ist und angenehm riecht.

Nährstoffbedarf verschiedener Gemüse und Kräuter

Die verschiedenen Gemüsearten unterscheiden sich hinsichtlich ihres Nährstoffbedarfs: Es gibt „Hungerkünstler" und „Vielfraße". Das gilt es beim Düngen, aber auch bei Pflanzenkombinationen bzw. Abfolgen auf dem Beet zu berücksichtigen.

Pflanzen schützen

Kaum gedeihen zartes Gemüse und knackiger Salat in Ihrem Küchengarten, stellen sich oft auch unerwünschte „Mitesser" ein – mit den passenden Methoden lässt sich ihnen jedoch gezielt der Appetit verderben!

Gerade im Hausgarten gelingt Pflanzenschutz ganz ohne die Verwendung chemischer Pflanzenschutzmittel; so vermeiden Sie auch deren nachteilige Wirkung für Bodenlebewesen und Nützlinge und können gesundes Gemüse und Obst genießen. Einfache mechanische Maßnahmen, wie Fallen, Netze, Köder, Schutzzäune sind äußerst wirkungsvoll, wenn Sie sie zum richtigen Zeitpunkt anwenden. Informieren Sie sich genau, wann welcher Schädling aktiv ist und reagieren Sie entsprechend. Wählen Sie widerstandsfähige, robuste Sorten; manchmal passt auch eine früh- oder spätreifende Sorte nicht ins „Beuteschema" der Plagegeister. Und vergessen Sie nicht die freiwilligen Helfer, die sich in Ihrem Garten einfinden, sobald Sie ihnen Schlupfwinkel, Rückzugsmöglichkeiten, Pflanzenvielfalt und Nahrung bieten. Denn Vögel, Igel, Spitzmäuse, Kröten, Marienkäfer, Schwebfliegen und viele andere helfen Ihnen beim Dezimieren von Pflanzen-„Lästlingen"!

Unerwünschte Gartengäste

Eine der häufigsten „Lästlinge" im Garten sind Läuse. Befallene Blätter kräuseln sich, Triebspitzen verkümmern. Doch die Dezimierung von Blattläusen & Co. können Sie getrost fleißigen Nützlingen wie Marienkäfern, Florfliegen, Schlupfwespen und vor allem Singvögeln überlassen. Kommt es dennoch zum akutem Befall, streifen Sie die Läuse von Hand von den Trieben und zerdrücken sie. Sie können sie auch mit einem scharfen Wasserstrahl oder mit konzentrierter Schmierseifen-Brühe abspritzen. Vermeiden Sie außerdem Stickstoffüberdüngung Ihrer Pflanzen – sie sind sonst besonders anfällig für Läuse! Ein weiterer „Lieblingsfeind" der Haus- und Gemüsegärtner sind Schnecken; vor allem die 3–15 cm langen, schwarzen oder roten Nacktschnecken (ohne Haus). Schneckenzäune, nützlingsschonendes Schneckenkorn oder Kupferband (Fachhandel), welches man an Pflanzgefäßen oder Hochbeeten anbringen kann, sind unserer Erfahrung nach die wirkungsvollsten Methoden. Zusätzlich sorgen Sie durch Kulturmaßnahmen wie morgendliches Gießen, Einebnen von Saat- und Pflanzflächen und feinkrümelige Bodenbearbeitung für ein möglichst schneckenunfreundliches Milieu.

Gut gemischt gedeiht besser

Werden Gemüse und Kräuter nach dem Prinzip der Mischkultur angebaut, fördern sich verschiedene Arten gegenseitig im Wachstum und können „Lästlinge" von der jeweils anderen Kultur fernhalten. Das funktioniert meist über pflanzenspezifischen Geruch. Ein ideales Paar sind Möhren und Zwiebeln: „Umnebelt" vom Zwiebelduft findet die Möhrenfliege die Möhren nicht mehr und der Zwiebelfliege ergeht es mit den Zwiebeln ganz genauso. Knoblauch und Zwiebel besitzen keimtötende Inhaltsstoffe, die Pilzinfektionen vorbeugen können. Zwischen Erdbeeren gepflanzt, schützen sie diese im besten Fall vor einem Befall mit Schadpilzen. Andere Pflanzen wirken durch die Art, wie sie den Boden durchwurzeln: Spinat erleichtert benachbarten und folgenden Gewächsen die Nährstoffaufnahme aus dem Boden.

Einzelnen Salatpflanzen hilft ein solcher Kunststoffkragen über das schneckengefährdete Jugendstadium hinweg.

Obstgehölze schneiden

Obstbäume und -sträucher gehören zu den langlebigeren Gartengewächsen, bei denen sich Pflege in Form fachgerechter Schnittmaßnahmen auf Dauer bezahlt macht: Richtig geschnitten, tragen sie mehr und bessere Früchte.

Weshalb Obstgehölze überhaupt schneiden? Wachsen und fruchten sie nicht auch ohne Schnitt? Prinzipiell schon, doch mit einem fachgerechten Schnitt sorgen Sie für ein lockeres, tragfähiges Kronengerüst, das überall gleichmäßig Licht und Sonne bekommt. Dadurch reifen die Früchte besser, Pilzkrankheiten haben weniger Chancen, weil die Blätter nach Regenfällen schneller trocknen. Werden Obstbäume regelmäßig geschnitten und zur laufenden Regeneration angeregt, fruchten sie auch viele Jahre länger als ohne Schnitt. Obstbäume schneiden ist eine Sache der Praxis – lassen Sie sich das nötige Know-how am besten von Fachleuten in speziellen Obstbaum-Schnittkursen beibringen. Solche Kurse gibt es auch für den Schnitt von Beerenobst – die richtigen Handgriffe und Prinzipien sind schnell gelernt. Der ideale Zeitpunkt ist in der Regel im Februar/März; viele Beerensträucher können auch gleich bei der Ernte geschnitten werden.

Obstgehölze in Form bringen

Ausnahmen hinsichtlich des Schnittzeitpunkts sind starkwüchsige Sorten, z. B. Apfel 'Boskoop', die im Sommer (Juli/August) ausgelichtet werden. Dann richten sich die Bäume auf die beginnende Winterruhe ein und treiben nach dem Schnitt nicht mehr so stark. Ebenso werden Kirschbäume im Sommer geschnitten, denn sie „bluten" nach einer Verletzung oder einem Schnitt im Frühjahr, d. h. verlieren viel Saft, wodurch sie geschwächt und krankheitsanfällig werden. Am wichtigsten ist, bei einem frisch gepflanzten Obstbaum ein gutes „Grundgerüst" zu schaffen. Dazu wählen Sie drei starke Triebe, die gleichmäßig um den Stamm herum angeordnet sind, als Grundgerüst für die Baumkrone. Gleich bei der Pflanzung schneiden Sie diese Triebe um ½ bis ⅓ zurück. Die Verlängerung des Stammes nach oben, die möglichst gerade sein sollte, wird ebenfalls eingekürzt; sie soll soweit über die zurückgeschnittenen Leitäste hinausreichen, dass eine gedachte Linie von der Baumspitze über die seitlichen Leitäste einem flachen Zeltdach entsprechen würde. Bei Beerensträuchern belassen Sie ca. drei bis fünf starke Triebe, als wüchsiges Grundgerüst für den späteren Strauch. Bei der Pflanzung werden diese Triebe um ½ bis ⅓ eingekürzt, damit sie sich bald von unten her verzweigen. Alle weiteren Schnittmaßnahmen, vom regelmäßigen Auslichten alter Äste und Triebe abgesehen, ist Übungssache, die Sie sich im Laufe der Jahre durch „learning by doing" aneignen.

Hilfreiche Pflege fürs Obst

In Wald- oder Ortsrandnähe bzw. in der Nachbarschaft großer Parkflächen werden junge Obstbäume gerne von Rehen, Hasen, Kaninchen angeknabbert. Häufig erholen sich die Bäumchen von diesem Schaden nicht mehr und sterben ab. Bringen Sie in diesem Fall gleich nach der Pflanzung spiralig gewundene Kunststoffummantelungen (Fachhandel) an den Bäumen an – ein praktischer und wirkungsvoller Schutz vor den gierigen Feinschmeckern! Eine weitere Gefahr für junge Obstbäume bergen sonnige, klare Wintertage mit darauffolgenden kalten Nächten. Durch das starke Tag-/Nacht-Temperaturgefälle entstehen „Frostrisse" im Holz, der ganze Stamm kann aufplatzen. Ein heller Anstrich mit Kalkmilch an Stamm und Kronenansatz wirkt vorbeugend. Sie können die Stämme alternativ zum Schutz vor zu starker Sonneneinstrahlung auch mit Bastmatten umwickeln.

Wohin mit dem Schnittgut?

Schnittgut, welches beim Schneiden von Obstgehölzen anfällt, kann sinnvoll im Garten verwendet werden: Als „Unterbau" bzw. Füllmaterial für ein Hoch- oder Hügelbeet, zum Aufschichten eines Igel-Überwinterungsquartiers oder zum Bau einer Benjes-Hecke. Dabei handelt es sich um eine streifenförmige Totholz-/Schnittgutaufschichtung, die an den Längsseiten von je einer Reihe Pfähle bzw. Stützhölzer in Form gehalten wird. Ein „Hotspot" für die Artenvielfalt im Garten!

Pflanzen vermehren – wie geht das?

Sie können Samen und Jungpflanzen beim Gärtner oder im Gartenfachhandel erwerben, in manchen Fällen aber auch selbst ernten oder heranziehen. Hier erfahren Sie, wann es Sinn macht und wie's gemacht wird.

Selbst ziehen oder kaufen?

Gemüse, Salate, Kräuter selbst aus Samen zu ziehen ist preiswert, aber nicht immer ganz einfach und manchmal zeitaufwendig. Bei manchen Sorten/Arten lohnt sich die eigene Anzucht, andere werden besser gekauft.

Gemüsearten, deren Samen leicht keimen, die man direkt ins Freie sät und nicht mehr verpflanzt oder Arten, von denen Sie eine größere Anzahl an Exemplaren benötigen, wie z. B. von Bohnen, Erbsen, Möhren, Spinat, Kresse, Feldsalat, Blatt- und Kopfsalate, können gut selbst herangezogen werden. Möchten Sie Sorten mit besonderen Merkmalen (groß-, kleinfrüchtig), alte Sorten oder solche mit speziellen Resistenzen, erhalten Sie diese meist leichter als Saatgut denn als Jungpflanze und die eigene Anzucht ist ebenfalls empfehlenswert. Kälteempfindliche Tomaten, Tomatillos können im zeitigen Frühjahr noch nicht direkt in die Beete gesät werden. Bei diesen Pflanzen ist es sinnvoll, sie selbst heranzuziehen, wenn Sie davon jeweils 10–15 Pflanzen anbauen wollen. Brauchen Sie nur einzelne Exemplare, vielleicht auch für eine Kultur im Kübel, ist es einfacher, vorgezogene Jungpflanzen zu kaufen.

Kräuter aus der (Samen-)Tüte

Lohnt sich deren Aussaat? Ein- und zweijährige Kräuter wie Kresse, Kapuzinerkresse, Petersilie, von denen Sie die ganze Gartensaison über größere Mengen benötigen, werden am besten selbst herangezogen. Um Pflanzgefäße mit einzelnen Kräutern zu bestücken, empfiehlt sich, diese Exemplare zu kaufen. Ein Vorteil von gekauften Kräutern im Topf ist, dass sie nahezu das ganze Jahr über erhältlich sind. Das hat allerdings auch Nachteile: Spät im Herbst sind die angebotenen Topfkräuter oft schon überständig und wachsen im Beet nur noch schlecht an; im Frühjahr handelt es sich beim Sortiment der Gartencenter oft um angetriebene Ware. Wird diese zu zeitig in den Garten gesetzt, ist sie unter Umständen dafür nicht ausreichend abgehärtet und kümmert. Ausdauernde Kräuter wie Thymian, Salbei, Oregano wachsen meist über Jahre hinweg dauerhaft am passenden Standort. Wenn Sie von diesen Pflanzen nur einzelne oder wenige Exemplare brauchen, kaufen Sie diese am besten und haben damit erst einmal ausgesorgt. Von viel verwendeten mehrjährigen Kräutern können Sie außerdem meist leicht Jungpflanzen aus Stecklingen oder Wurzelausläufern heranziehen oder große Exemplare teilen.

Eigene Anzucht von Tomatenpflanzen lohnt sich, wenn Sie eine größere Anzahl davon benötigen.

Obstgehölze: Der Gang zur Baumschule lohnt

Bei Obstgehölzen verhält es sich folgendermaßen: Prinzipiell lässt sich ein Apfelbäumchen aus einem Apfelkern ziehen. Doch so gezogene Bäume brauchen oft Jahre, bis sie Früchte tragen, werden häufig sehr groß und die Früchte sehen unter Umständen ganz anders aus als der ursprüngliche Apfel, haben andere Eigenschaften, schmecken anders. Obstbäume werden daher am besten entweder mit blanker Wurzel oder im Topf (Container) gekauft. So können Sie vor allem auch die gewünschte Form und Größe wählen: Buschbaum, Halbstamm oder Spalier. Auch Beerensträucher erhalten Sie zuverlässig im Fachhandel; Johannisbeeren werden entweder als Busch oder als Hochstämmchen angeboten, Himbeeren als bewurzelte Ruten.

Saatgut selbst ernten

Von vielen Gemüse-/Kräuterarten können Sie Samen ernten, wenn Sie zumindest einige Pflanzen zur Blüte gelangen lassen und dieses Saatgut dann wieder aussäen – auch eine gute Verwendung für „geschossenes" Gemüse!

Damit eine Pflanze Samen bilden kann, muss sie zuvor geblüht haben. Bei typischem Fruchtgemüse wie Tomaten, Erbsen, Bohnen ist Ihnen das sicherlich bekannt: Der Teil, den wir ernten, ist die Frucht, die aus den zuvor angesetzten und bestäubten Blüten entstanden ist. Ähnlich verhält es sich beim Obst. Die kleinen Kerne aus dem Inneren einer Tomate, die Samenkerne von Erbsen oder Bohnen, können geerntet und wieder ausgesät werden. Bei anderen Pflanzenarten nutzen wir allerdings andere Pflanzenteile, wie Blätter (Salat) oder Wurzeln (Möhre) und während der Dauer der üblichen Gartenkultur kommen diese Pflanzen gar nicht zur Blüte und bilden auch keine Samen. Häufig ist ein Blühen oder „Schossen" bei diesen Arten sogar definitiv unerwünscht, z. B. bei Salat. Ist also ein Salat geschossen, d. h. beginnt zu blühen, dann nutzen Sie die Gelegenheit, lassen die Pflanze noch auf dem Beet und ernten die Samen, sobald diese reif sind.

Nur was geblüht hat, bildet Samen

Viele Gemüsepflanzen blühen im ersten Sommer nach der Pflanzung oder Saat, z. B. Andenbeeren, Bohnen, Erbsen, Feldsalat, Kartoffeln, Knoblauch, Knollenziest, Mairübchen, Radieschen, Rucola, Salat, Spinat, Stielmus, Tomaten, Topinambur. Ebenso einjährige Kräuter wie Kapuzinerkresse, Kresse. Andere Arten sind zweijährig: Im ersten Standjahr wachsen Blätter und Triebe, eventuell auch eine Wurzelknolle, im Jahr darauf Blüten, aus denen sich Samen entwickeln. Dazu zählen Kohlrabi, Mangold, Möhren, Petersilie, Zwiebeln. Beachten Sie, dass manche Sorten von Gemüse, bei denen das Augenmerk den Blättern oder Wurzelknollen gilt, als Qualitätsmerkmal die Bezeichnung „schossfest" tragen. Eine schossfeste Kohlrabisorte wird demnach schöne, feste Knollen bilden, aber tendenziell nicht blühen – was im „Normalfall" ja auch erwünscht ist. Außerdem können nur „samenfeste" Sorten sortenrein durch selbst gesammeltes Saatgut vermehrt werden. Als sogenannte „F1-Hybriden" hingegen werden Sorten aus einer Hybrid-Züchtung bezeichnet. Wollten Sie diese Pflanzen durch Samen ein weiteres Mal vermehren, erhielten Sie Pflanzen mit vielen unterschiedlichen Eigenschaften.

Eigene Ernte – eigene Aussaat

Die Samen verschiedener Gemüse-/Kräuterarten sind unterschiedlich lange keimfähig. Manche nur etwa 1–3 Jahre (z. B. Feldsalat, Kresse, Möhre, Petersilie, Schnittlauch, Zwiebel); andere etwa 4–6 Jahren (z. B. Bohne, Erbse, Kapuzinerkresse, Kohlrabi, Mangold, Radieschen, Salat, Spinat,

Aus selbst gesammelten Bohnensamen lassen sich im nächsten Jahr ganz hervorragend neue eigene Pflanzen ziehen.

Tomate). Vorausgesetzt, das Saatgut wird luftdicht, trocken, kühl (ca. 10 °C oder darunter) und dunkel aufbewahrt. Die Aussaat von selbst gesammelten Kernen von Obst ist grundsätzlich möglich (siehe Seite 126/127), doch häufig eine langwierige Angelegenheit mit ungewissem Ausgang: Nicht selten schmecken die Früchte des selbst gezogenen Gehölzes ganz anders und sehen anders aus, als die Frucht, aus der die Samen entnommen wurden. Doch wer Geduld hat – Spaß macht es trotzdem!

„Pflanzenschätze" & Raritäten

Wer am Anbau eigener Gartenprodukte Spaß hat, begibt sich häufig auch auf die Suche nach Besonderheiten, Pflanzenraritäten, alten oder ungewöhnlichen Sorten oder Arten, die oft Erstaunliches zu bieten haben.

Haben Sie schon einmal violette Kartoffeln, Knollenziest oder einen 'Altländer Pfannkuchenapfel' gegessen? So wissen Sie, dass man diese meist nicht im Supermarkt erhält und dass sie eine ungewöhnliche Färbung oder ein spezielles Aroma zu bieten haben. Leider sind diese Sorten/Arten häufig nicht sehr ertragreich und schlecht transport- oder lagerfähig. Deshalb fehlen sie im Standardsortiment, welches sich auf einige wenige Sorten/Arten beschränkt. Bei diesen gingen im Lauf jahrelanger Züchtungsarbeit nicht selten Geschmack, Aroma, Inhaltsstoffe zu Gunsten hoher Erträge teilweise verloren. Andererseits haben „neue" Sorten auch Vorzüge: Insbesondere beim Obstsortiment punkten viele neue Sorten mit hohen Resistenzen und verbesserter Widerstandsfähigkeit gegenüber Krankheiten und „Lästlingen". Das spart durch den Wegfall von Pflanzenschutzmaßnahmen Zeit, Mühe und Geld und dient nicht zuletzt auch der Umwelt.

Alte Sorten, neue Sorten – die Vielfalt macht's!

Wir raten zur Vielfalt im Garten – sowohl was die Pflanzenzusammenstellung als auch was die Auswahl von Sorten und Arten betrifft. Eher rare Gemüsesorten, die vielleicht keine üppige Ernte liefern, dafür aber ein charakteristisches Aroma aufweisen, lohnen sich für den Liebhaber eben dieses Geschmacks auf jeden Fall. Ein weiterer Vorteil vieler alter Gemüsesorten ist ihre Samenfestigkeit, d. h. Sie können selbst Samen ernten und diese wieder aussäen, was bei vielen neuen Hybridsorten nicht erfolgversprechend ist (siehe Seite 128/129). Falls Sie dort, wo Sie leben und gärtnern, Bezugsquellen für regionale (alte) Sorten haben, nutzen Sie diese Gelegenheit, denn häufig sind Regionalsorten (vor allem von Obst) bestens an Klima und Boden vor Ort angepasst und somit besonders robust und wüchsig. Wer nicht nur Spaß am Gärtnern, sondern auch am Verarbeiten und Kochen hat, dem wird wahrscheinlich auch die optische Vielfalt violetter Möhren, gestreifter Tomaten und knubbeliger Knollenziests viel Freude bereiten.

Sorten für verschiedene Ansprüche

Haben Sie hinsichtlich der Sortenwahl auch immer ein Auge darauf, wann Sie ernten bzw. wofür Sie Ihre Gartenerzeugnisse verwenden möchten. Bei vielen Gemüsearten gibt es spezielle Sorten für den Frühjahrs-, Sommer- oder Herbstanbau; Sorten zum Frischverzehr und solche, die sich lagern lassen. Beim Obst, wo ein Baum oder mehrere Beerensträucher größere Mengen an Früchten liefern, kann es entscheidend sein, ob es sich um eine kaum haltbare Frühsorte handelt oder eine langsam reifende, lagerfähige Sorte. Wenn Sie in erster Linie auf „Balkonien" gärtnern, achten Sie auf jeden Fall auf „kübelgeeignete" Sorten. Diese kommen meist mit dem begrenzten Wurzelraum besser zurecht, wachsen niedriger und kompakter oder säulenförmig (Obst).

Möhren der alten Sorte 'Pariser Markt' bekommt man selten zu kaufen – wer sie kennt, möchte die knackige frühe Karotte jedoch nicht mehr missen.

Service

Nützliche Adressen von Gärtnereien, Baumschulen, Bezugsquellen für hilfreiche Gartenutensilien, empfehlenswerte Fachliteratur und Webseiten zum Stöbern – auf den folgenden Seiten finden Sie praktische Tipps, ein Glossar der wichtigsten Fachbegriffe und ein zweckmäßiges Register.

Pflanzenregister

Schnell nachgeschlagen

Kurz erklärt

Gärtnerische Fachbegriffe sind nicht jedem geläufig und das muss auch gar nicht sein! Auf den folgenden Seiten können Sie das Wichtigste aus dem Garten-Fachjargon schnell und praktisch nachschlagen.

Aussaat/Keimung

DUNKELKEIMER Pflanzen, deren Samen nur in ausreichender Dunkelheit keimen; durch Licht wird ihre Keimung gehemmt. Sie müssen bei der Aussaat mit genügend Erde, mindestens doppelt so viel, als sie hoch sind, bedeckt werden; z. B. Feldsalat, Petersilie, Bohne.

FROST-/KALTKEIMER Pflanzen, deren Samen nach der Aussaat einen Kältereiz brauchen, der die Keimhemmung in den Samen abbaut und sie keimen lässt; z. B. Bärlauch, Schnittlauch, Gundermann.

LICHTKEIMER Pflanzen, deren Samen zur Keimung Licht benötigen. Sie dürfen bei der Aussaat mit höchstens so viel Erde bedeckt werden, wie sie selbst dick sind; z. B. Gartenkresse, Tomate.

Boden

FEUCHT Ein Boden, der beim Zusammendrücken mit der Hand noch Wasser abgibt.

HUMOS Ein Boden, der viel fein zersetzte organische Substanz sowie ein reiches Bodenleben (Kleinstlebewesen, Mikroorganismen) enthält.

NÄHRSTOFFREICH Ein Boden, der die Hauptnährstoffe in ausreichenden Mengen enthält und diese sowohl speichern als auch an die Pflanzen abgeben kann.

TIEFGRÜNDIG Ein Boden, der bis in eine Tiefe von ca. 40–50 cm keine harten Sperr- oder Gesteinsschichten und/oder tote Bodenschichten aufweist.

Kulturen

KULTUR Das Wort stammt aus dem Lateinischen („cultura") und steht für: Anbau, Bearbeitung, Pflege.

FOLGEKULTUR Gemüsekultur, die gemäß einer zuvor festgelegten Reihenfolge auf eine andere Kultur folgt, sobald diese abgeerntet ist. Eine gut durchdachte Kulturfolge beugt Bodenermüdung und einseitigem Nährstoffentzug vor.

HAUPTKULTUR Gemüsekultur mit langer Kulturdauer, die die Beetfläche über einen langen Zeitraum belegt.

KULTURDAUER/-ZEIT Zeitraum, währenddessen eine Gemüsekultur eine Beetfläche von der Aussaat/Pflanzung bis zur Ernte belegt.

MISCHKULTUR Anbauprinzip, bei dem verschiedene Gemüse-/Kräuterarten auf einer Fläche gleichzeitig miteinander/nebeneinander angebaut werden. Trägt zur Pflanzen- und Bodengesundheit bei.

NACHKULTUR Gemüsekultur mit kurzer Kulturzeit und/oder geringem Nährstoffbedarf, die die zur Verfügung stehende Flächen optimal nutzt, wenn eine Hauptkultur abgeerntet ist; z. B. Feldsalat.

VORKULTUR Gemüsekultur mit geringem Nährstoffbedarf, deren Kulturperiode früh beginnt und nur von kurzer Dauer ist und die die Beetfläche vor dem Anbau der Hauptkultur nutzt; z. B. Spinat.

ZWISCHENKULTUR Gemüsekultur mit kurzer Kulturzeit, die zwischen den Einzelpflanzen oder den Pflanzenreihen einer Kultur mit langer Kulturzeit angebaut wird und so die Anbaufläche optimal ausnutzt; z. B. früher Kohlrabi zwischen Feuerbohnen.

Kulturarbeiten

AUSGEIZEN Ausbrechen von jungen Neutrieben, die in den Blattachseln, z. B. von Tomaten, wachsen. Dadurch wird verhindert, dass sich zu viel Blatt- und Triebmasse bildet; stattdessen werden die verbleibenden Früchte größer und reifen besser aus.

PIKIEREN Vereinzeln bzw. Auseinandersetzen von zu dicht stehenden Sämlingen auf größere Abstände; meist nachdem sich die Keimblätter sowie mindestens ein weiteres Blattpaar entwickelt haben.

Nährstoffbedarf

MITTELZEHRER Pflanzenarten mit einem mittelmäßigen Nährstoffbedarf, die dementsprechend auch nur mäßig gedüngt werden sollen; z. B. Andenbeere, Stangenbohne, Kohlrabi, Knoblauch, Mangold, Möhre, Tomatillo, Topinambur, Zwiebel.

SCHWACHZEHRER Pflanzenarten, die dem Boden nur sehr wenig Nährstoffe entziehen und daher nicht eigens gedüngt werden müssen; z. B. Feldsalat, Knollenziest, Kresse, Mairübchen, Radieschen, Rucola, Salat, Stielmus, Spinat, Zuckerschote.

STARKZEHRER Pflanzenarten, die dem Boden relativ viele Nährstoffe, insbesondere Stickstoff entziehen und daher einen höheren Düngebedarf haben; z. B. Kartoffel, Tomate.

Pflanzenfamilien

DOLDENBLÜTLER Pflanzenfamilie mit doldenartigem Blütenstand; z. B. Möhre, Petersilie.

KORBBLÜTLER Pflanzenfamilie mit körbchenförmigen Blütenstand, der aus Zungenblüten und/oder Röhrenblüten besteht; z. B. Löwenzahn, Pflücksalat, Topinambur.

KREUZBLÜTLER Pflanzenfamilie mit traubigem Blütenstand, der aus 4-zähligen Einzelblüten besteht; z. B. Kohlrabi, Rucola, Radieschen, Gartenkresse.

Pflanzenwachstum

LANGTAGPFLANZE Pflanzenart, die etwa 12 Stunden dauerhafte Lichteinstrahlung/Tag benötigt, um zu blühen; z. B. Spinat. Bei weniger Licht wächst die Pflanze zwar, blüht jedoch nicht.

SCHOSSEN Wachstumsstadium, in dem eine Pflanze lange Spitzentriebe und anschließend Blüten bildet; meist von Tageslänge und Temperatur abhängig. Ist bei vielen Nutzpflanzen unerwünscht, bei denen die Blätter oder Sprossknollen geerntet werden; z. B. Salat, Kohlrabi.

SCHOSSFESTE SORTEN Durch Züchtung beeinflusste Gemüsesorten, die besonders spät oder gar nicht blühen und daher auch nicht „schossen".

Standorte

EXPONIERT Standort, der kaum oder gar nicht vor Wind- und Wettereinflüssen geschützt ist.

HALBSCHATTIG/-SONNIG Standort, der an einem Teil des Tages (ca. 5–6 Stunden) z. B. Morgen- oder Abendsonne bekommt und den Rest des Tages im Vollschatten liegt, etwa an der Ost-/Westseite einer Mauer.

SCHATTIG Standort, der den ganzen Tag über kein Sonnenlicht erhält; z. B. unter dichten (immergrünen) Gehölzen, breitkronigen Bäumen, entlang von Mauern und Gebäuden.

Sonstiges

AUGE Die Blatt- oder Blütenknospen von Gehölzen, die entlang der Zweige/Triebe sitzen.

BAUMSCHEIBE Bodenfläche um den Stammgrund eines Baumes herum; bei jungen Obstgehölzen meist frei von Bewuchs.

DRAINAGE Schicht aus Blähton, Tonscherben oder grobem Kies, die zuunterst in Pflanzgefäßen eingebracht wird, um Staunässe zu vermeiden.

LÄSTLINGE Tiere, größtenteils Insekten aber z. B. auch Mäuse, die Kulturpflanzen oder Teile davon schädigen und/oder zerstören, was einen verringerten Ertrag oder Ertragsausfall zur Folge hat. Allgemein auch Schädlinge.

VLIES Feines, verwitterungsbeständiges Kunststoffgewebe in verschiedenen Stärken, welches als Frost-/Kälteschutz, zum Schattieren oder Verfrühen von Kulturen dient.

Zum Weiterlesen

Webseiten

www.renate-hudak.de Seminarangebot, Gartenbilder, Fachartikel der Autoren

www.nutzpflanzenvielfalt.de Alte Gemüsesorten, fachliche Beratung, Samenversand

www.vern.de Alte Nutzpflanzensorten, fachliche Beratung, Samenversand

Bücher

Breckwoldt, Michael (2016): **Der Selbstversorger Balkon. Pflanzen – Standorte – Gefäße.** BLV, ein Imprint von Gräfe und Unzer Verlag, München

Faßmann, Natalie (2017): **Mein Obstgarten. Wie er mir gefällt.** Eugen Ulmer Verlag, Stuttgart

Hudak, Renate (2016): **Kräuter selbst anbauen.** Gräfe und Unzer Verlag, München

Hudak, Renate (2016): **Obst und Gemüse selbst anbauen.** Gräfe und Unzer Verlag, München

Hudak, Renate/Harazim, Harald (2020): **Das große GU Buch Selbstversorgung.** Gräfe und Unzer Verlag, München

Kawollek, Wolfgang (2016): **Das große Ulmer Gartenbuch.** Eugen Ulmer Verlag, Stuttgart

Schmid, Heiner (2020): **Obstbaumschnitt. Kernobst - Steinobst - Beerenobst.** Eugen Ulmer Verlag, Stuttgart

Schumann, Eva (2019): **Gärtnern in Töpfen. Balkon und Terrasse mit Pflanzen gestalten.** Eugen Ulmer Verlag, Stuttgart

Schumann, Eva (2020): **Tomaten, Paprika & Chili für Garten und Balkon. Richtig anbauen und frisch genießen.** Eugen Ulmer Verlag, Stuttgart

Wagner, Hans (2020): **Ökologisch gärtnern mit Mischkultur.** Bassermann Verlag, München

Weidenweber, Christine (2017): **Mein Kräutergarten. Wie er mir gefällt.** Eugen Ulmer Verlag, Stuttgart

Wichtige Adressen und Bezugsquellen

Samen- und Pflanzenversand

Baumschule „Alte Obstsorten"
Waldweg 2
24966 Sörup
www.alte-obstsorten.de
Alte Obstsorten, Obstmuseum

Baumschule Brenninger
Hofstarring 2
84439 Steinkirchen
www.brenninger.de
Resistente und alte Obstsorten, Bio-Anbau

Bio-Saatgut Ulla Grall
Eulengasse 3
55288 Armsheim
www.bio-saatgut.de

Blauetikett-Bornträger GmbH
In den Aspen 1
67591 Offstein
www.blauetikett.de

Carl Sperling & Co. GmbH
SPERLI GmbH
Freckenhorster Str. 32
48351 Everswinkel
www.sperli.de

Die Kräuterei
Alexanderstraße 29
26121 Oldenburg
www.kraeuterei.de

Gärtner Pötschke
Pflanzen- und Gartenbedarfsversand
Beuthener Straße 4
41561 Kaarst
www.poetschke.de

Hild-Samen GmbH
Kirchenweinbergstraße 115
71672 Marbach
www.hildsamen.de

Zubehör

Gardena AG
Hans-Lorenser-Straße 40
89079 Ulm
www.gardena.com
Gartengeräte, praktische Gießhilfen

Gartenbedarf-Versand Richard Ward
Ottobeurer Str. 46A
87733 Markt Rettenbach
www.gartenbedarf-versand.de
Gartengeräte, praktisches Zubehör

W. Neudorff GmbH KG
An der Mühle 3
31860 Emmerthal
www.neudorff.de
Biologischer Pflanzenschutz, Dünger

Untersuchung von Bodenproben

AGROLAB Labor GmbH
Dr.-Pauling-Straße 3
84079 Bruckberg
und
(ehemals Institut Koldingen)
Breslauer Straße 60
31157 Sarstedt
www.agrolab.de

IfMU GmbH
Ingenieurbüro für Materialreports und Umweltanalytik
Bgm.-Finsterwalder-Ring 10
82515 Wolfratshausen
www.gartenpass.de

Über die Autoren

RENATE HUDAK Diplom Ingenieurin für Gartenbau (FH), ist am Botanischen Garten Augsburg tätig und dort unter anderem für Öffentlichkeitsarbeit, Umweltbildung und Gartenfachberatung zuständig. Schon seit vielen Jahren arbeitet sie als freie Gartenautorin und Referentin für Gartenfachvorträge und -seminare. Zusammen mit ihrem Mann, Harald Harazim, bietet sie ein natur- und umweltpädagogisches Programm an. Leidenschaftlich hegen und pflegen die beiden gemeinsam auch den heimischen Nutzgarten.

HARALD HARAZIM absolvierte am Institut für Hydromechanik der TU Braunschweig seine Ausbildung zum Maschinenbauer und arbeitete am Institut für Thermodynamik. Im Anschluss daran studierte er Europarecht und war als Referent im Bereich transnationaler Teambildung und Kommunikation tätig. Nach einigen Jahren bei einem großen deutschen Energieunternehmen arbeitet er inzwischen als selbstständiger Naturlehrer, Referent in der Umweltbildung und freier Autor – und hat gemeinsam mit seiner Frau seinen „Grünen Daumen" entdeckt.

Bildnachweis

Titelfoto: Adobe Stock/George Dolgikh

Botanikfoto: Klappe vorne (Apfel: Hans-Roland Müller); S. 35, 75 (Steffen Hauser); 90/91 (Hans-Roland Müller); 92 (Marga Werner); 99 (Friederike Take); 104/105 (Hans-Roland Müller); 109, 118 (Steffen Hauser)

Flora Press: S. 12/13 (Meyer-Rebentisch); 27 (Georgie Steeds); 56/57 (Meyer-Rebentisch)

mauritius images: Klappe vorne (Feuerbohne, Holunder, Mangold, Rucola, Tomate, Zitrone); Klappe hinten (Jungpflanzen in Töpfen); S. 14, 20, 23, 31, 32/33, 36, 70/71, 81, 82, 84/85, 88, 101, 120, 128

photocase: S. 1 (deyangeorgiev)

Shutterstock.com: Klappe vorne (Brennnessel: oksana2010); Klappe vorne (Löwenzahn: PHOTO FUN); S. 3 (Anna Hoychuk); 4/5 (Nadezda Verbenko); 9 (Gardens by Design); 10 (HildaWeges Photography); 18/19 (oksana2010); 24 (LifeCollectionPhotography); 28/29 (PHOTO FUN); 46 (wavebreakmedia); 49 (SURAKIT SAWANGCHIT); 51 (bonchan); 52/53 (Jirik V); 54 (Dmitri Malyshev); 59 (sanddebeautheil); 61 (giedre vaitekune); 62 (julie deshaies); 64/65 (Anna Hoychuk); 68 (rodimov); 73 (vaivirga); 78 (Demina Ekaterina); 86 (yoshi0511); 96/97 (Chyzh Galyna); 102 (garmoncheg); 107 (Ruslan Galiullin); 112/113 (Volodymyr Kyrylyuk); 122 (Fotokostic); 124/125 (Parfenteva Tatiana); 132/133 (Cora Mueller)

Alle anderen in diesem Buch verwendeten Fotos stammen von den **Autoren**.

Impressum

Die in diesem Buch enthaltenen Empfehlungen und Angaben sind von den Autoren mit größter Sorgfalt zusammengestellt und geprüft worden. Eine Garantie für die Richtigkeit der Angaben kann aber nicht gegeben werden. Autoren und Verlag übernehmen keine Haftung für Schäden und Unfälle. Bitte setzen Sie bei der Anwendung der in diesem Buch enthaltenen Empfehlungen Ihr persönliches Urteilsvermögen ein.

Der Verlag Eugen Ulmer ist nicht verantwortlich für die Inhalte der im Buch genannten Websites.

Bibliografische Information der Deutschen Nationalbibliothek
Die Deutsche Nationalbibliothek verzeichnet diese Publikation in der Deutschen Nationalbibliografie; detaillierte bibliografische Daten sind im Internet über http://dnb.d-nb.de abrufbar.

Wollgrasweg 41, 70599 Stuttgart (Hohenheim)
E-Mail: info@ulmer.de
Internet: www.ulmer.de
Projektleitung: Carolin Witte
Lektorat: Gabi Franz
Herstellung: Birgit Heyny
Umschlaggestaltung: Anette Vogt, red.sign, Stuttgart
Gestaltung und Satz: Susanne Junker, red.sign, Stuttgart
Reproduktion: timeRay Visualisierungen, Jettingen
Druck und Bindung: Westermann Druck Zwickau GmbH, Zwickau
Printed in Germany

ISBN 978-3-8186-1277-1

Hier können Sie weiterlesen

Das große Ulmer Biogarten-Buch.
B. Bross-Burkhardt. 2017.
288 Seiten, 258 Farbfotos,
62 farbige Zeichnungen, geb.
ISBN 978-3-8001-0868-8.

Kleiner Reihenhausgarten oder großer Selbstversorgergarten? Egal wie groß, jeder Biogarten ist mehr als nur ein Ort, an dem Obst und Gemüse gesund heranwachsen. In diesem Buch finden Sie alles, was Sie für Ihren Biogarten brauchen: Die Basis des biologischen Gärtnerns ist der sparsame Einsatz von Wasser, Energie und Rohstoffen sowie der Verzicht auf chemische Spritzmittel und mineralische Dünger. Pflanzenreste bleiben im Naturkreislauf des Gartens und sorgen für einen fruchtbaren Boden. Lernen Sie die Bedürfnisse der Pflanzen kennen, wählen Sie die besten für Ihren Standort und Ihr Zeitbudget aus. Und schaffen Sie Lebensräume für Tiere, die die Schädlinge für Sie im Zaum halten.